# 大阪大学歴代総長餘芳

大阪大学編

大阪大学出版会

# はじめに

「餘芳《よほう》（余芳）」とは、後世までに残る名誉、業績のことである。大阪大学は昭和六年（一九三一）年に第六番目の帝国大学として設置されていらい今日まで約七〇年になるが、大学のヒストリーはまた同時に歴代総長の物語である。本書は初代長岡半太郎から第十一代山村雄一まで各総長にまつわる話を『阪大Now』№5～№50（一九九八年十月～二〇〇二年七月）に大阪大学名誉教授が連載で執筆したものを編集・収録した。

読者各位が本書により歴代総長の人柄をとおして大阪大学の開学の精神とその継承発展のあとを知り、さらに現在問われている大学の役割について考えるよすがとなるならばまことに幸いである。

執筆者は歴史学者や自然科学の研究者そして、各総長との関係も後輩であったり受業生であったりして、執筆のスタンスはさまざまであることから文章表現、文体はそれぞれ異なっている。今回、編集に当たっては執筆者のそれらの立場を尊重して、あえて表現の統一は行わなかったことをおことわりする。

二〇〇四年二月

編　者

大阪大学総長餘芳　目　次

はじめに……i

初代総長　長岡半太郎……梅溪　昇……1
一　その生いたち　2
二　その研究心を培ったもの　6
三　初代総長として　15

第二代総長　楠本長三郎……梅溪　昇……23
一　その生い立ち——愛郷心　24
二　郷土の人びとの心に生きる　30
三　大阪医科大学長・大阪帝国大学の創設——初代医学部長　34
四　総長時代　39

五　その晩年　50
第三代総長　眞島　利行……芝　哲夫……53
一　生い立ち──修学時代　54
二　欧州留学と東北大学時代　57
三　大阪大学時代　61
第四代総長　八木　秀次……伊藤　順吉……67
一　戦前の理学部と八木先生　68
二　八木先生のお人柄、私の印象　71
第五代総長　今村　荒男……梅溪　昇……77
一　その生い立ち　78
二　結核研究の草分け　84
三　総長時代　96
四　その晩年　111

第六代総長　正田建次郎……………………………………………永尾　汎……129
一　はじめに　130
二　学問への目覚め　131
三　阪大理学部創設の頃　138
四　数学教室の疎開　140
五　戦後と総長時代　142
六　おわりに　145
第七代総長　赤堀　四郎……………………………………………池中　徳治……149
一　その生い立ち――向学の道・苦学時代　150
二　眞島利行との出会いと東北帝国大学時代　154
三　欧州留学と大阪帝国大学時代（戦前）　160
四　大阪大学時代（戦後）　165
第八代総長　岡田　實……………………………………………荒田　吉明……173

一　生い立ちと人となり　174
二　学術分野のパイオニア　178
三　工学部長・総長時代　185
四　教育研究を通じての門下生並びに社会との連帯　190

第九代総長　釜洞醇太郎……加藤　四郎……197
一　はじめに　198
二　生い立ち　201
三　大阪帝国大学医学部卒業後、軍医として戦地へ　203
四　大阪大学に復帰、微生物病研究所へ　206
五　阪大総長就任と大学紛争への対処　211

第十代総長　若槻　哲雄……江尻　宏泰……217
一　原子核の光を求めて　218
二　世界の原子核のＣＯＥを目指す　221
三　大学紛争から理学部を守る　227

四　総長時代とその後　231

第十一代総長　山村　雄一……中馬　一郎……237

一　生い立ち　238

二　阪大から研究者の道へ　241

三　阪大教授・総長時代　250

人名索引……261

初代総長　長岡半太郎

梅溪　昇

# 一　その生いたち

長岡半太郎先生胸像

現在の大阪大学事務局へ上る道の右側に建っているのが初代総長長岡半太郎の胸像である。もと中之島の大阪大学講堂前に昭和四十一年（一九六六）五月一日に建立されたもので、「長岡半太郎先生像」の題字は第七代総長赤堀四郎、制作は新海竹蔵で、台座の裏にその輝かしい経歴が記されている。この胸像によって長岡半太郎の風貌を偲ぶことができる。

さて、長岡半太郎は、幕末の慶応元年（一八六五）六月二十八日、肥前国（長崎県）大村藩の四〇石扶持の藩士長岡治三郎と幾久《きく》の間の長男として生まれた。父治三郎が二六歳、母幾久は一八歳のときであった。半太郎のあとに二人の子どもが生まれたが、ともに幼くして亡くなったので、彼は事実上の一人息子であった。父の治三郎は、もと土地の資産家であったという中尾半兵衛という人の三男で、長岡家へ幾久とともに夫婦養子として入った。半太郎という名前の「半」は祖父中尾半兵衛の「半」をとったものである。治三郎の養父長岡正平は、大村藩にも招かれた漢詩人広瀬淡窓が大村第一の詩人として賞賛した人で、かの長与専斎の祖父俊達とも交わりは深かった。祖父の中尾半兵衛も文化十年（一八一三）伊能忠敬が九州測量のさいに立ち寄って大村信濃守（当時隠居）に測天量地について演述したことがあり、このとき半兵衛は伊能忠敬に入門した（半兵衛は入門当時は節五郎と称した。長岡半太郎著『随筆』改造社、昭和十一年）。半太郎が生まれるまでの長岡家については「長岡氏先祖覚書」（一六七三年の写本）や祖父長岡正平の記した「系譜」と「家譜」（一八四六年）とが残っており、また大村藩勤王派の中心で、のち佐幕派に暗殺された松林飯山が書いた「長岡氏略譜」もあった。

半太郎は晩年になって長岡家に伝わっていた「幽竹」という二字の額の裏面の由緒書に、少年時代を過ごした大村城下の侍屋敷の一つであった生家の内外の様子を細字でくわしく記述している。

（屋敷の）傍にある水芋田は味噌汁の菜を供給したが、東西北の三方は、淡竹・真竹等が茂り、昼暗き想をなした。之が「幽竹」の本源である。（略）忘れてならぬものは玄関に・あった書籍である。晋助（曾祖父）・正平（祖父）等が詠んだ漢書の箱が積み重なってゐた。珍書はなかったらしいが、家大人（父）の云ふところでは、宋版の左氏伝があったがいつか散佚して了った。又槍が数本あった。穂尖きの非常に長いのを覚えている。恐らく備前忠安（祖先）が諫早《いさはや》の剣客飯田某を刺し、一番首をあげたときに用ゐたものであらう。或は龍造寺隆信が攻め入ったとき、其兵二人を串刺にした槍であったことを物語ってゐる。降って維新前、家大人が尊皇論を唱へた頃購入したと覚しきスナイドル銃四～五梃《ちょう》と、鉛の大塊数箇、包装した弾丸数箱が長持ちに納められてあった。今遺ってゐるのは、祖父の用ゐた革の床几一つのみである。是等の家宝は、明治七年一家東上のとき、由緒不明の為、遂に売却された。今にして祖先に対し面目が無い。

は、その一節である。さらに、この長岡の家が勤王派の謀議所となり、最初、家大人ら四人がこの「幽竹」の額のかかる部屋で密会して気脈を通じ、その後同士は三七人を数え、最後にまた「幽竹」の下で血盟した。時に文久三年（一八六三）十二月頃のことであったと伝えられていることについても記している（以上、板倉聖宣ら著『長岡半太郎伝』朝日新聞社、昭和四十八年）。

以上、一部を引用した半太郎が書いた「幽竹」額裏の内容は、彼が物心つく年ごろになって、

長岡半太郎の屋敷あと
大村市指定史跡（久原2丁目）、今は遺構はなく、当時の古井戸を残すのみ。

父から折にふれ、しばしば長岡家の歴史物語を聞かされたものに相違なく、また半太郎少年の歴史への関心を大いにそそるものがあったようである。また、幼い半太郎は、すごく短気でかんしゃく持ちだったという父から厳格な漢学を教え込まれた。半太郎の使った木版刷の文天祥正気之歌というのが戸棚から出てきた時、半太郎は家族の者にそれを見せて、クチャクチャになった初めの方の美濃紙をさして、これはわが輩の涙と鼻汁だと説明した。どうしても覚えられず、叱られ続けだったと言ったという（長岡治男《はるお》「親の放射能《ひかり》」『朝日ジャーナル』六巻一五号、一九六四年）。この大村の少年時代に受けた有形無形の教育が、いろいろの形で、半太郎のその後の生き方に影響をおよぼしたことは確かである。

## 二　その研究心を培ったもの

**漢学（中国古典）**

半太郎の物理学上の業績は多く、公表された論文数は実に三〇〇編に近く、しかもその研究は全く独創的な着想により出発し、多くの新事実の発見を促した。中でも最も重要な研究は、明治三十六年（一九〇三）に発表された原子模型に関するもので、大正二年（一九一三）のボーアの模型に先だつ画期的な業績であること、またその研究が、純物理学の広い分野にわたっているのみならず、応用物理学、殊に地球物理学の方面にもわたっていた。昭和十二年（一九三七）二月公布の文化勲章令にもとづき、日本の原子物理学の先駆者として第一回の文化勲章を受章されていることは今更喋々するにおよばない。二〇世紀初頭（明治三十年代）、英・独・仏の大科学者に伍す業績を挙げた半太郎の研究心を培ったものに、意外と思われるかもしれないが、彼の漢学（中国古典）と歴史への強い関心がある。まず、前者から述べてみよう。

大村藩は開国文化の入口である長崎に近いせいもあって、最後の藩主大村純熙《すみひろ》（臺山公）は、幕末、長崎奉行の廻し者の目をぬすみ、毎夜島から小舟で忍んで来る尾本凉海という蘭学者の講義を聴いたという開明主義者で、廃藩置県直後の明治四年（一八七一）秋、岩倉遣外使節の欧米派遣に便乗して、みずからも海外視察にでた。このとき半太郎の父治三郎（当時三二歳）も随行員の一人に加えられて渡欧した。その時以来、かつての大村藩尊王派で儒教主義の塊《かたまり》だった治三郎は思想一変して、当時の欧米の新思想・文化を盛った洋書をたくさん購入して帰国し、八歳の半太郎を上座にすえて、「俺の今迄の教育法は全く誤っていた。俺はもうお前を教育する資格はない」と謝《あやま》り、「お前は今後漢学を棄て、こういう洋書をどんどん読みこなして世界の知識に遅れない者になってくれ」と言ったという（前掲「親の放射能《ひかり》」）。明治七年（一八七四）初夏、一家とともに半太郎は上京、二年後、一一歳で東京英語学校（後の東京大学予備門）に入り、父の転勤に伴い、官立大阪英語学校へ転学、さらに再び上京し、同郷先輩の長与専斎（かつて緒方洪庵の適塾の塾頭）の駿河台の家に書生同様に寄寓して、東京予備門最上級に進み、明治十五年（一八八二）一七歳のとき予備門卒業、東京大学理学部理学科一年――今日の教養課程――に進学した。この間、半太郎は、父の言い付け通り、英・独・仏の外国語を猛勉強し上達したことが、その後の業績から察せられる。やがて半太郎は、翌明治十六年（一八八三）七月、理学部一年の修業証書をもらって、いよいよ九月から専門学科に進学することになったが、このとき彼は二

国立科学博物館所蔵「長岡半太郎資料」のうちの中国古典の一部。『史記評林』・『杜詩詳註』

年に進学せず、一年休学した。半太郎は、物理学を専攻するか、それとも漢学——東洋史——を専攻するか思い悩んでいたのである。彼は、他人が成した後を追って、外国から学問を輸入し、これを日本人の間に宣伝普及するのは本意ではなく、必ず研究者の群に入って学問の一端を啓発しなければ男子に生まれた甲斐がない。東洋人に自然科学研究能力があるかどうか。それともヨーロッパ人に任さなければならないかを明白にしたかったのである。そのためには中国における科学に関する事項を調べなければならない。そのため、あの大村時代、父から厳しく仕込まれ、苦しさ厭さの涙を流したほどの漢学——父が「今後は棄てよ」と言ったもの——を敢えてこのころ猛勉強したに違いない。幼少時代に半太郎が、漢学嫌いで馬鹿息子だといわれたのは、その教え方が詰め込み主義で、素読《そどく》一辺倒の上すべりであったためで、半太郎のような自意識が強く他人から詰め込まれることが嫌いな者は、うわべの理解では承知ができなかったせいであったのであろう。一般に、明治期の洋学者の間には、「漢学不可廃論」が信奉されていたものである。

半太郎は、中国の古典を調べて、『春秋』に日食・月食の記事があって、その日がほとんど合っている。また「星隕如雨」（星おちて雨のごとし）と流星のことも出ている。『史記』や『山海経《せんがいきょう》』の中に燭龍《しょくりょう》という光が北の方にあるとあるのは北光《オーロラ》のことである。『荘子』とか『淮南子《えなんじ》』には中国人のサイエンスが出ている。また、戦国時代にサン・スポット（太陽黒点）を観察したことを知った。これらの事実から推せば東洋人は昔は十分研究成績を挙げている。ただ年代を追って発展してない欠点がある。それゆえもし系統的に研究を進めて行けば、必ずしも欧米人の尻馬に乗る不体裁なことはしなくともよいとの確信をえて、物理学を専攻することに決めたのであった（「研究と読書」前掲『随筆』）。当時、東京大学理学部物理学科には、お雇い外国人教師としてユーウィング、メンデンホール、ノットらがいて、わが学界を益すること多大であったが、以上のような自信のもとに専攻を決めた半太郎は、お雇い外国人教師にも何らの劣等感も抱かず、西洋文明に対するコンプレックスも持たず、素直な態度で、堂々とわが道を前進したのである。彼はいつも「進め、加速度を付けて進め」（Vorwärts mit Beschleunigung）というのが口ぐせであった。

八木秀次博士は、長岡先生が、後年まで鞄の中に『荘子』を入れておられたことに触れ、「長岡先生が『僕はこれに書いてあることが天地自然の構造や天然現象を論じていて示唆に富むから面白い。』と語られた」と記している（以上、「鼎談」および跋、長岡半太郎著『原子力時代の曙』

朝日新聞社、一九五一年）。幼時から、『十八史略』、『論語』、『唐詩選』などにも親しんだ半太郎は、また書道を好み風格ある字を書いた。このような漢学、中国古典への強い関心と興味とが、半太郎の研究心を肥やすに役立ち、数多い随筆にもえもいわれぬ気品を漂《ただよ》わせているのである。

初代総長　長岡半太郎

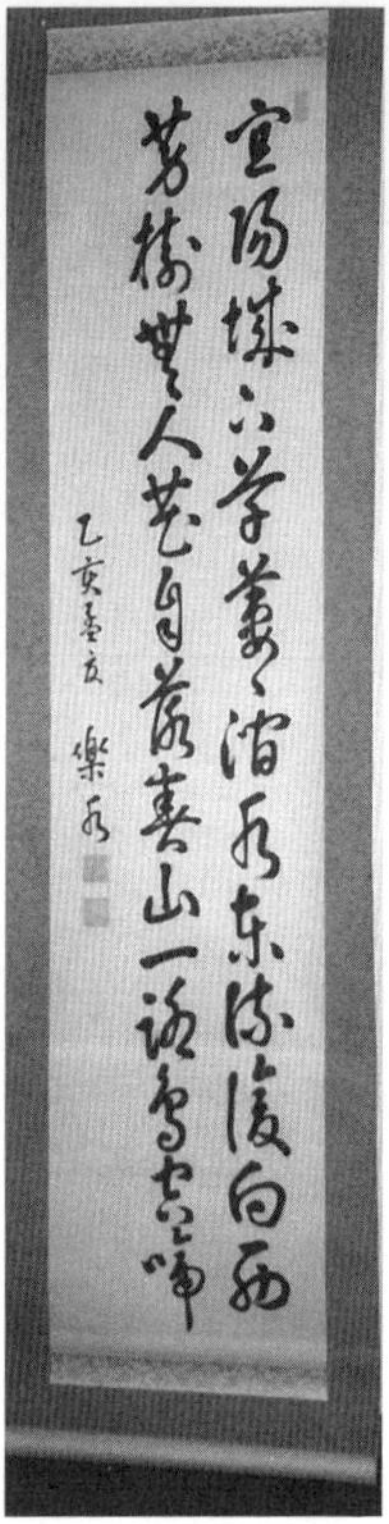

長岡半太郎の書　立入弘大阪大学名誉教授所蔵（立入先生が長岡半太郎先生から頂かられたもの）この詩は、唐の詩人李華（715？〜766）が「春行興を寄す」と題して、春の日の行楽に感興をもよおし詠んだもの。「宜陽城下草萋萋《せいせい》、澗水《かんすい》東に流れて復《ま》た西に向う、芳樹人無く花 自《おのずか》ら落ち、春山一路鳥空《むな》しく啼《な》く、乙亥孟夏　楽水」とある。「宜陽」は河南の洛陽の西南の町。「萋萋 」 は春草が盛んに茂るさま。「澗水」は谷川の水。「 乙亥孟夏」は昭和10年（1935）初夏。「楽水」は長岡先生の号。

## 歴史への関心

次に半太郎の歴史への関心について述べよう。半太郎は、昭和十年（一九三五）十二月、海軍技術研究所での「仏独の文化比較と世界大戦——欧米見聞談の一節筆記——」と題した講演の中で、「柄《がら》にない歴史の事を申し上げまして、甚だ可笑《おかし》しいと思召《おぼしめ》すと思いますが、私は初めの目的は歴史家になろうと思ったのでありますが、金がないから材料を求めることが出来ないので、物理の方に行ったのでありまして、やはり下手の横好きか知らぬが、歴史のことは大分興味を持って居りますので、その事を調べたのであります。」と述べている。「その事」とは、第一次世界大戦についてカイザー（ウィルヘルムⅡ世）の欲望からかような戦争が始まったと解釈されていたが、半太郎は事実はそれに反して、カイザーがドイツ人を手先きに使ったのではなく、ドイツ人がカイザーを手先きに使ったのではないかと感じ、四年前の昭和六年（一九三一）欧米旅行のさい、色々その方面の文献を調べ、また人にも尋ね、果たしてカイザーはほんの人形で、国民の為した戦争であるから、四年間世界を相手に戦争することができたので、詰まり国民の精神がそれに伴っていたからだという見方を立てた。

これは講演ではあるが、西洋史家としての半太郎の面目躍如たるものがある。ローマ人の植民地であったころのフランス国の出来始めから調べて、古代・中世・近代へと文化諸部門にわたって仏・独両国の関係・交渉を論じ、フランスとドイツで国民の宗教がカトリックと新教と違うところから、両国民の間に非常に懸隔を生じ、フランス人は芸術的に、ドイツ人は哲学的に色々ものを考えるようになった等を指摘する。また、文献史料のみにとらわれず、明治二十六年（一八九三）～二十九年（一八九六）間の留学中の見聞、すなわち、当時のドイツ軍人が令嬢と一緒にダンスをしたいため、婦人のコルセットを腹部に嵌めて姿を良くする者が多く、すでに軍人が腐敗しており、また軍人の威張り方も非常なもので、宮中席次は大学教授が大尉の後の状況で、すでに軍国主義の台頭が見られ、さらに日刊新聞、雑誌、学校、あらゆる方面にドイツ人が優れていることを唱導するプロパガンダをする機関がたくさん出来、やがてヨーロッパ併呑、世界併呑の考えが段々ドイツに熟してきたと説いている。この講演は海軍技研で行われ、第一次世界大戦をテーマとしたものとはいえ、ロンドン海軍軍縮会議からの脱退通告、日独防共協定調印の前年のことであり、日本の軍国主義を遠回しに批判したと思われかねないものであった。むしろ半太郎は、二年後の日中戦争、四年後の第二次世界大戦の前兆をすでに看取していたのかも知れない。「歴史家は後ろを向いた予言者である。」とか、あるいは「歴史は創造的回顧である。」と言われるが、半太郎は、実に豊かな歴史家としての資質と感覚を有していたと言うことができる。

半太郎は、明治二十年（一八八七）二二歳で東大を出てから、当時の科学雑誌にしばしば寄稿を余儀なくされ、多数の物理学者の伝記や憶い出を書き、それは前世紀から今世紀にわたっている（前掲『随筆』）。

まず明治二十五年（一八九二）に、数理並びに実験物理学者であり、とくにブンゼンと共にスペクトル分析を発明したドイツの「キルヒホッフ略伝」、明治二十七年（一八九四）に、年一八歳で始めて「エネルギー」不滅則を覚り、ついで旋渦運動を研究して流体力学を再興し、生理

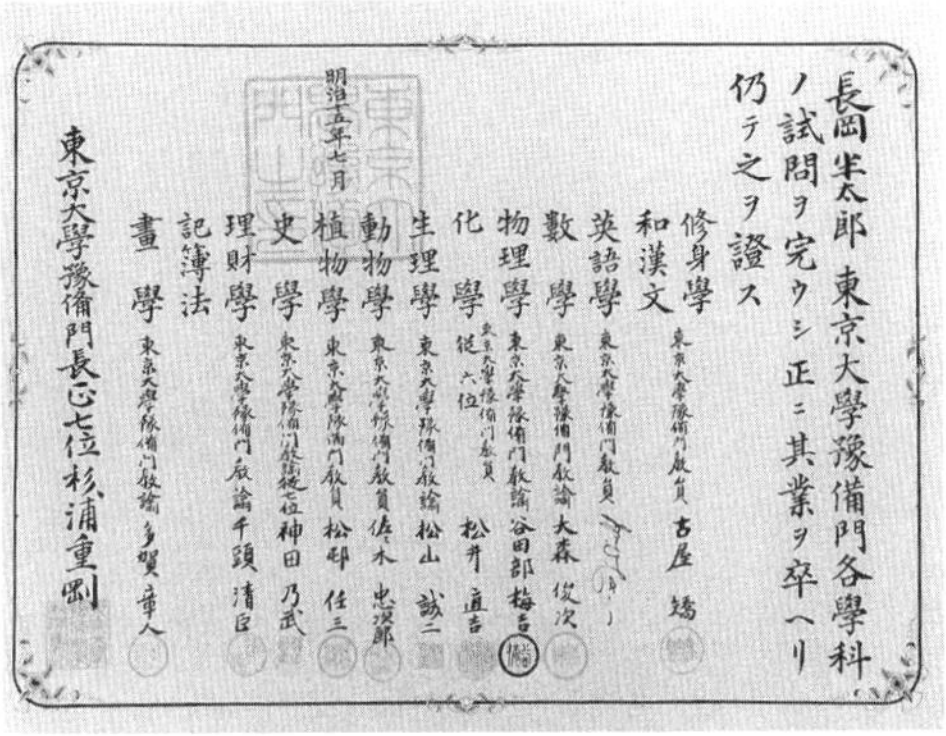
長岡半太郎 東京大學豫備門各學科
ノ試問ヲ完ウシ正ニ其業ヲ卒ヘリ
仍テ之ヲ證ス
修身學 東京大學豫備門教員 古屋 矯
和漢文
英語學 東京大學豫備門教員
數學 東京大學豫備門教諭 大森 俊次
物理學 東京大學豫備門教諭 谷田部 梅吉
化學 東京大學豫備門教員 従六位 松井 直吉
生理學 東京大學豫備門教諭 松山 誠二
動物學 東京大學豫備門教員 佐々木 忠次郎
植物學 東京大學豫備門教員 松村 任三
史學 東京大學豫備門教諭従七位 神田 乃武
理財學 東京大學豫備門教諭 千頭 清臣
記簿法
畫學 東京大學豫備門教諭 多賀 章人
明治十五年七月
東京大學豫備門長正七位杉浦重剛

長岡半太郎博士の東京大学予備門卒業証書
(国立科学博物館所蔵「長岡半太郎資料」)

学・心理学・審美学にもおよんだドイツの「ヘルマン・フォン・ヘルムホルツ先生小伝」、明治二十九年(一八九六)に函数論の大家であるドイツの「ワイエルストラス八〇賀辰」、明治三十一年(一八九八)に、数・星・物理の三学に蘊奥を極めたフランスの「ポアンカレ小伝」、明治三十三年(一九〇〇)に、数理物理学の泰斗で、光学・電気力学論にも不朽の業績を挙げたドイツの「フランツ・ノイマン先生略伝」、明治三十六年(一九〇三)に、数学を自在に運用して、これを流体力学・弾性力学・光学等に応用し、偉大な論文集を発刊し、後学を啓発したイギリスの「ストークス先生略伝」、大正三年(一九一四)に、変分法の創始、整数論、偏微分方程式論・楕円函数論の研究のほか、その著『解析力学』によって力学史に新段階を開いたフランスの「ラグランジユ先生小伝」、大正五年(一九一六)に、哲学者にして数学者、ことに微積分法で著名なドイツの「科学者としてのライプニッツ」、大正六年(一九一七)に、化学・電気学に不朽の業績を創始した「マイケール・ファラデーの事蹟」等々を発表してい

膨大な長岡半太郎博士の研究ノート類
（国立科学博物館所蔵「長岡半太郎資料」）

る。ことに最後の二文はかなり長編で立派な伝記といってよい。

半太郎は、ファラデーを語るにあたって、六冊の伝記を読み、その内ジョンスの編纂したものが最も詳しくて良く、ファラデーの愛読書の一つはニュートンの伝記で、そのベントレーに与えた手紙の一節が少なからぬ影響をファラデーの思索に与えたと言っている。また、ニュートンなりライプニッツがどうして微積分を発見することができたかについてふれ、「物は偶然に出て来るものではない。生木に火はつかない。これを薪にするには枯れるまで待たなければならない。学問も或る程度まで発達して来なければ発見が出来ない。微積分の発見も代数学が発展して来て微積分の発見の機が熟していた。そのころ何人かによって発見されなければならない機運に向かっていた。仕事をするには時機の到るを待ち、時機の来るを知って好機を捕捉しなければならない。」（「伝記憶ひ出」前掲『随筆』）と述べている。半太郎の歴史への関心、とくに科学の歴史、科学者の伝記研究が、彼自身の脳裏に独創的思索を雲蒸せしめるに役立ったことは明白である。

ライプニッツのした仕事は当時は誰も賞揚しなかったが、彼自身は微積分の大切さを良く知っていて、「吾人は後世のために尽瘁しなければならぬ。大きな家を建てても自分は必ずしもそこに住むためでない。木を植えてもその果実を食べるものは後世子孫である。」と語ったのを引用して、半太郎は、自分のやった仕事が今日直ちに人に認められるか否かは問うところではない。国家百年の大計をもって学問研究せよと後進を誘掖した。

## 三　初代総長として

大阪大学は、昭和六年（一九三一）五月一日、府立大阪医科大学を官立に移管して医学部とし、かつ理学部を新設する大阪帝国大学として、大阪中之島の堂島河畔の医学部五階講堂で開学式を行ったときに始まる（工学部は昭和八年に加わる）。半太郎は、同日付けで「任大阪帝国大学総長」「叙高等官一等」となり、初代総長に就任し、日本唯一のケンブリッジ大学名誉博士に与えられた緋色のガウンを着て挨拶を行った。これよりさき半太郎は、東京大学名誉教授・理化学研究所主任研究員であった。この総長の人選については、地元の大阪側では国立総合大学設置の推進運動の中心であった大阪医科大学長楠本長三郎の就任を強く要望したが、文部省側は少し前まで、文部次官で当時閑職にあった粟屋謙を主張してゆずらなかった。間に立った文相田中隆三は、この採決に苦しんで第三者を人選することとし、理化学研究所の所長大河内正敏に依頼したところ、大河内所長はただちに半太郎を推薦した。文相は半太郎を訪ねて承諾を頼んだが、半太郎は「予は研究一方の人間で、総長などは柄にない。総長は事務を司るお役人で、これまで予は嘗てそんな事にたずさわったことはないのみか、性来大嫌いであれば、言うべくして行うべからざる案件だ。眞平御免を蒙る。」と即座に断った。

しかし、再度文相から、半太郎が理研に留まり、研究しつつ大阪に往復して、総長事務を扱う意味の趣旨のもとに承諾を求めたほか、記者団からも攻められ、半太郎はまことに困った。それでも半太郎の総長嫌忌病は癒らなかったが、半太郎自身、大阪に帝大を設けるのは双手を挙げて賛成であり、その準備も八、九分通り整っていて、単に総長で行き詰まるとは情無ない。殊に気にかかるのは創立運動者間に、理工の関係に認識不足があり、まずい人が行って滅茶になり、虻蜂《あぶはち》とらずの結果となっては折角の国家的企画を画餅に帰せしめると考えて、肚をくくったようである。しかし、このとき、半太郎は進むならば退く方策を講じてからのことだと暫く躊躇した。

開学式当日、ケンブリッジ大学名誉博士の緋色のガウンを着た長岡半太郎総長（中央）、左は田中隆三文相、右は楠本長三郎医学部長（立入弘名誉教授アルバムより）

この時、半太郎は、「昭和六年六月、コペンハーゲンで開かれる国際電波会議に日本委員として出席すべく通知済みで、五月一日東京発、シベリヤ経由で行く予定になっていた。この出発を一日繰り上げて、五月一日大阪で開学式を行ない、翌日大阪発で渡欧すれば差し支えない。半年間欧米の諸大学を巡覧すれば参考になる。また機械注文もできる。その間、自分の代理を務めるものはおそらく楠本長三郎であろう。彼は同郷の九州大村人で大阪に同化されたものだ。市民の脈を診た多年の経験から、その気質は呑み込んでいる。また帝大創立の肝煎の一人である。彼は研究家といわんより経営者である。創立には持って来いの適材だ。未来の総長には他に人はない。このさい半年間彼が手並みを見せると、予の廃業は可能である。最善の退陣策はここにある。」（「総長就業と廃業」前掲

『随筆』）と決心し、正式に四月二十三日文部省で文相に会見、楠本医大学長立会いのうえ、（一）研究その他の要務のためいくら大阪を留守にしても文句をいわぬこと。（二）なるだけ早く適任の総長と交代することの条件で総長を受諾した。時に半太郎は六六歳。

田中文相は長岡新総長と共に、開学式の参列のため西下の車中談で「長岡博士は思い通りにやると文部省が困るかも知れないと、いっていられると言うが、これがいいのだよ。文部省が困るぐらいに新機軸を出してもらいたいよ。」と語っている。わが大阪大学は発足にあたり、初代の総長として世界の学界に異彩を放つ権威者で、かつなかなかの豪傑であった長岡博士を得たことは、まことに幸運で、大きな意義があったというべきであろう。

大阪帝国大学は、天下りの官製ではなく、創設費の大部分は過去一〇年間の府立大阪医科大学の病院収入残余の蓄積金九七万円が充当され、国庫への寄附総額は一八五万円におよんだものので、この意味で国立大学らしからぬ国立大学として出発したものであった。半太郎は理学部の創設には大きな夢を託し、教授の人選に特に意を用い、研究に情熱をもつ三〇歳になるかならずの若い教授陣を大阪の財団法人塩見理化学研究所と東京の理化学研究所から集め、研究と教育に積極性と将来性とをもたすのに熱心であった。これらスタッフの大部分はのちに学士院賞の受賞者となった。理研から迎えられた一人、仁田《にった》勇は、「私たちは長岡先生から〈町の中でやかましいから研究ができないなぞと悲鳴をあげるのはほんとうの学者じゃないぞ。本当の学

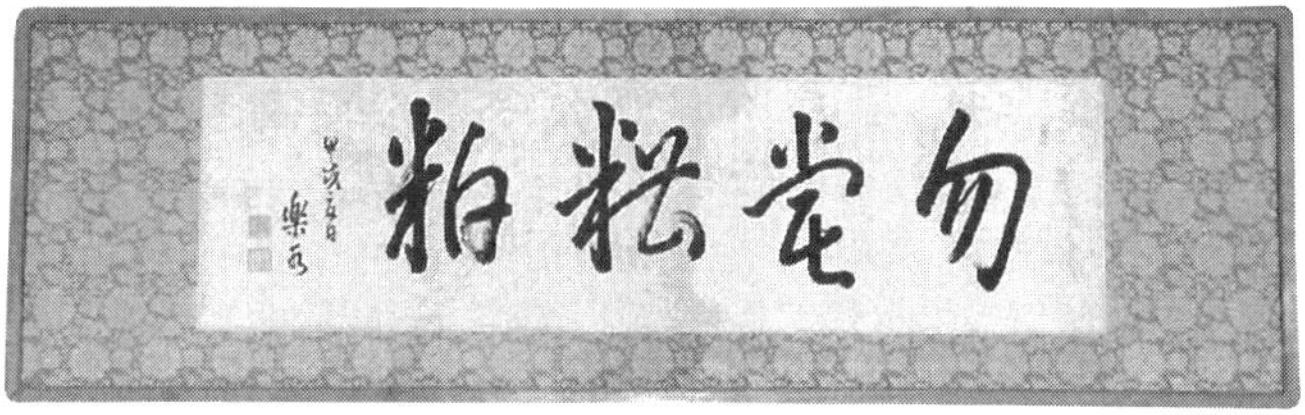

初代総長長岡半太郎の「糟粕を嘗むる勿れ」の揮毫

者はどんな場所でも研究ができるものだ〉と一本釘をさされていた。そのくせ、長岡先生はその当時、工学部と理学部とをどこか適当な郊外の二〇万坪ほどのところにまとめたい、という夢ももっておられた。」（「阪大理学部創設のころ」『自然』二〇巻五号、一九六五年）と回顧している。

昭和八年（一九三三）四月二十日、創設後最初の医・理・工三学部の新入生の宣誓式が行われた。当日、半太郎総長は、緋のガウンを着て出席し、「宣誓式訓辞」として、大学では「古人の糟粕計りに頼って行かず、各自其意見を発揚し文化を進歩せしめんければならぬ。」「試験の時ばかり顧慮して不断に勉強しないのは最も戒むべし。」「井戸の蛙とならないよう精神集注すべし。」等々を説き、二六五名の新入生一人一人が登壇して総長と握手するという型破りの式を行なった。いかに半太郎総長が若い学生に望みを託したか、また学生が感激したか察するに余りがある。

また、半太郎総長は、昭和九年（一九三四）六月二十日の三学部成立並びに理学部落成祝賀式の式辞において、「只今建てられた理学部校舎の如き、初めからケチをつけるわけでありませんが、職員・学生が将来満足するや頗る疑わしくあります。一五年・二〇年の後は陳腐の譏りが沸騰するでありましょう。学問の進歩が致すところでありますから、反って賀すべきであります。かかる場合に遭遇すれば、政府並に府市民諸君の御援助に依り、容易に解決の道が開けると予想致します。」と述べて東北大学の研究補助に仙台の斎藤報恩会が資金三〇〇万円の利息をあてている例を紹介して、地元大阪にも諸大学の模範となるような本学の研究費不足救済策を講じられるよう一層の援助を望むところがあった（以上『随筆』）。理学部が、大阪に本拠地をおく財団法人谷口工業奨励会や東京の財団法人服部奉公会や三井報恩会などから多額の援助金を受け、文部省科学研究費のない時代に多大の恩恵を得て研究を進めることができたことは、周知の通りである。

半太郎は、昭和九年（一九三四）六月二十二日在職約三年間で総長を辞し、「阪大を去るに当たっての辞」として、「阪大を日本一の大学にするため教授陣には私の力のかぎり新鋭をすぐって、集まり頂いたつもりだ。そして研究第一、殊に産業科学の研究に力を入れる気運を作った。長岡は今大阪を去るが、どうか、教授・学生共々に、この阪大の学燈を守って頂きたい。」と切々な気持ちを吐露し、これが近代の名文とうたわれた。阪大人は半太郎の揮毫による「勿嘗糟粕」（「糟粕を嘗むる勿れ」すなわち〈常に独創的であれ〉）の扁額（附属図書館生命科学分館・理学部図書分室にある。）を初代総長の遺訓として、その期待にこたえなければならない。

半太郎は、昭和十四年（一九三九）帝国学士院長に推され、戦後の同二十三年（一九四八）までその職にあった。昭和二十五年（一九五〇）十二月十一日、書斎で研究中急逝した。質素な机上には氷河問題研究のために置かれていた地質学書の「カムブリア紀」の章がひらかれたままになっていた。享年八五歳（以上、半澤朔一郎「年譜に代えて」前掲『原子力時代の曙』）。

梅溪　昇（うめたに　のぼる）大阪大学名誉教授

大正十年兵庫県生まれ。昭和十六年旧制浪速高等学校卒、同十八年京都帝国大学文学部史学科卒、同二十五年京都大学人文科学研究所助手、同二十八年大阪大学文学部助教授、同四十一年大阪大学文学部教授、同四十九年大阪大学文学部長、同五十九年大阪大学名誉教授。適塾記念会理事

著書　『お雇い外国人――明治日本の脇役――』日本経済新聞社、一九六五年
『増補版　明治前期政治史の研究』未来社、一九七八年
『日本近代化の諸相』思文閣出版、一九八七年
『明治期外国人叙勲史料集成』全六巻　思文閣出版、一九九一年
『緒方洪庵と適塾生』思文閣出版、一九九七年第三版
『大阪学問史の周辺』思文閣出版、一九九一年
『洪庵・適塾の研究』思文閣出版、一九九三年
『緒方洪庵と適塾』大阪大学出版会、二〇〇一年、第二刷
『軍人勅諭成立史――天皇制国家観の成立（上）』青史出版、二〇〇〇年
『教育勅語成立史――天皇制国家観の成立（下）』青史出版、二〇〇〇年
『高杉晋作』吉川弘文館、二〇〇二年

第二代総長

楠本長三郎

梅溪　昇

## 一　その生い立ち――愛郷心

現在の医学部正面に二先生の胸像がある。向って左側は医学部の前身、府立大阪医科大学より引続き大学令による大阪医科大学初代学長として、今日の医学部の基礎を築いた鹿児島出身の佐多愛彦《あいひこ》先生のもの、右側にあるのが第二代総長楠本長三郎先生の胸像である。ともにもと中之島の旧医学部前に昭和三十年（一九三〇）五月五日知友門下生によって建立、五月二十八日除幕式が行われたもので（ただし、佐多先生の胸像は昭和二年の建立であるが、戦時中供出され再建）、医学部の吹田キャンパスに新築落成にともない移転されたものである。「楠本長三郎先生」の題字は、第三代総長眞島利行、製作は日本美術院同人新海竹蔵で、台座の裏面には今日の本学隆盛の基礎を築いた先生の経歴と業績が記されている。この胸像によつて楠本長三郎総長の在りし日の風貌にその正廉温和な人柄を偲ぶことができる。

長三郎は、九州大村藩の医家楠本家の四代元正の二男（長男正作は幼没したので事実上一男）として明治四年（一八七一）一月二十日、長崎県西彼杵郡《にしそのぎぐん》七釜村《ななつがまむら》三九六番戸（現在同郡西海町中浦）

に生まれた。

　楠本家の初代元正は、肥前の東彼杵郡の大村藩士楠本伝蔵により分家し、中浦郷に住み、村医となり、文政六年（一八二三）十月、八三歳で没した。その後二代元英、三代正伯と相うけて地域医療に尽した。長三郎の祖父三代正伯は、元大村藩士永田安治の弟、永田正伯で、楠本家へ養子入りしたが、また嗣子がなかったので、正伯の一人娘マンに波佐見の漢方医本間丈貞の弟（幼名邦太郎）を婿養子として迎え、初代元正と同じく元正を称した。これが長三郎の父四代目元正である。父は明治十三年（一八八〇）一月三六歳の若さで他界したため、長三郎は幼少のころから父を失い、三人の妹とともに、祖父と慈母マンによって養育された。その祖父も明治十五年（一八八二）十月五八歳でなくなってからは、マンが長三郎ら四人の子どもを女手ひとりで苦労しながら養育した（「楠本家系図」）。

楠本長三郎胸像

　長三郎の生地七釜村は、今や国指定天然記念物七ツ釜鍾乳洞一帯地域に属し、三億年にも達せんとする日本一の石灰藻

現存の楠本長三郎先生の生家と「楠本氏邸宅跡碑」（長崎県西彼杵郡西海町中浦）平成10年11月25日大阪大学薬学部米田該典助教授撮影

化石群という自然史の宝庫で、長崎県内の観光百選の一つであるが、長三郎の生まれたころは僻遠の寒村にすぎなかった。

長三郎の生家は、今も西海町中浦郷に現存し、写真の記念碑の後ろに建っている古い家がそれである。この記念碑は「楠本氏邸宅跡碑」と上部に題字が横書きに刻まれ、碑文には、

本邸ハ医学博士楠本長三郎氏ノ旧邸ニシテ楠本氏累代ノ居住地タリ、先祖楠本元正氏ハ大村藩士ナリ、初メテ此ノ地ニ住ミ医ヲ業トス、男元英氏継ギ、元英氏養テ正伯氏、正伯氏養子元正氏相続シ、元正氏一男三女アリ、男ハ則チ当主長三郎ナリ、氏幼時父ヲ喪ヒ、慈母萬子女史専心子女ノ教育ニ意ヲ注ガレ、氏ハ長ズルニ及ンデ東京帝国大学医科大学ニ学ビ、更ニ独乙ニ

医ノ蘊奥ヲ極メ、帰朝後医学博士ノ学位ヲ受ケラレ、大阪医科大学教授トナル、氏ハ生地ノ旧恩ヲ郷閭ニ酬ヒンガタメ、偶《たまたま》当郷奨学会ノ企アルニ際シ、資金トシテ金数千円外邸宅ヲ当郷ニ寄付セラル、於《ここに》是《おいて》郷民深ク氏ノ篤志ヲ多トシ、之ヲ永遠ニ記念セントシ此ノ碑ヲ建ツト云爾《しかいう》

大正十年十月三十一日建立

と記され、裏面には長三郎の恩恵にあずかり、記念碑の建立を図った当時の奨学会の役員と奨学金受領者あわせて五五人の姓名が列記されている。うち奨学金受領者は二〇人程度という。

ここに建立された記念碑を眺めていると、代々郷民の医療に尽くした楠本家の医恩を忘れず語り継ぎ、父を早くなくした四人の子どもの養育に女手ひとりで苦労している楠本家のために何くれとなく心くばりした郷民の温い気持、そして少年長三郎の医者としての将来の大成を皆んなが期待していたことがさかのぼって想像される。

長三郎は郷民の期待、慈母の愛情にこたえて、明治六年（一八七三）七月廃校となった大村藩藩校五教館《ごこうかん》の学統の継承ともいうべき私立大村中学校を明治二十二年（一八八九）第二回卒業生として巣立ち、同二十九年第一高等学校卒業、同三十三年東京帝国大学医科大学医学科卒業、同三十八年大阪府立高等医学校教論、翌年ドイツ留学、大正四年（一九一五）府立大阪医科大学

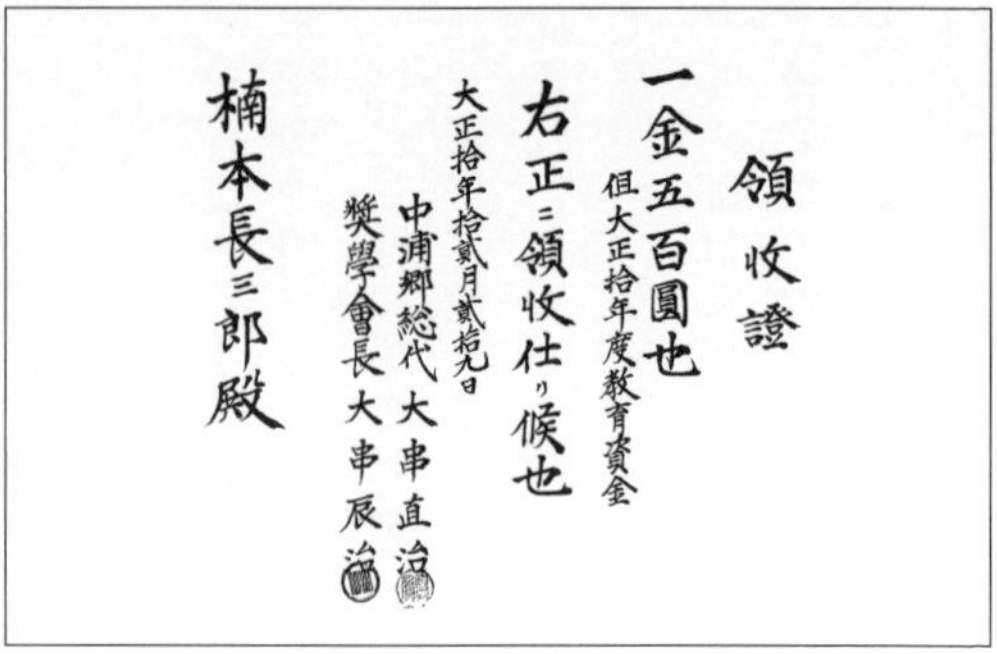

領收證

一金五百圓也

但大正拾年度教育資金

右正ニ領收仕リ候也

大正拾年拾貳月貳拾九日

中浦郷総代　大串直治

奨學會長　大串辰治

楠本長三郎殿

教育資金領収書（西海町山下友三郎氏保管）

證

一金壹千五百圓也

但中浦郷電燈新設工事費金額寄附金

右謹テ拜受候也

大正十年七月廿九日

中浦郷代表者　大串直治

山下友治

大串辰治

楠本長三郎殿

中浦郷電燈新設工事費金額寄附金受領書
（西海町山下友三郎氏保管）

教授を経て、大正十年には長三郎五一歳、すでに大阪医科大学教授内科学担当、勅任官をもって待遇され、やがて三年後には大阪医科大学長を兼任し、同病院長となる。このように長三郎は栄進したけれども、片時も自分を育ててくれた故郷を忘れなかった。

今も郷民の人々にとって愛護される生家と記念碑は、長三郎と郷民との強い精神的紐帯のあかしとして永久に生き続けるであろう。まさに長三郎は、「故郷忘《ぼう》じがたく候」を地で行く生き方をした人だった。これは以下に触れるように、長三郎が大阪府立医科大学教授時代に行った郷土への寄附や、また後に記すように、大村藩出身の昌平黌の秀才松林飯山らの建碑にも阪大総長時代尽力したことにもあらわれている。

今、大正十年の「中浦郷決議録」(『西海史談』第四号)には、

寄付の件　　楠本長三郎氏より、金二、〇〇〇円を奨学資金として、一ヶ年五〇〇円を四年間寄付する。これについては会を組織し、資金を郷に預け、減することのないよう会を維持し、利子と会の組織で以て貧困学生並びに本会より推薦した学生に供給してもらいたいとの伝言があった。また中浦郷字草住の建物二棟(一ヶ所を公会堂用として)を寄付する。さらに、金一、五〇〇円を電燈架設費用並びに付帯雑費として寄附する。

と記されている。ちなみに大正十年頃の米一俵六〇キロの値段は一一円である。但し、上記の建物二棟のうち公会堂用に一棟が現存の生家で、その北側にもう一棟あったのは破損し取りこわされて今はない。

このような長三郎の郷土中浦郷に寄せる熱い思いが、当時第一次世界大戦後の経済恐慌で財政難にあえいでいたこの地域の人びとに文明の灯、電燈の点火式の挙行を初めて可能ならしめ、また「楠本奨学会」ができて中浦の数多くの恵まれない子弟が勉学の恩恵を受けることができるようになったのである。現在の本学の楠本賞もここにその先蹤を見出すことができる。

## 二　郷土の人びとの心に生きる

筆者は平成十年十一月はじめて、長三郎の生地を訪れるにさいして、長三郎のお孫さんにあたる本学理学部楠本正一教授から、祖父の代から長三郎の故郷・中浦郷の生家の管理や楠本家のお墓の手入れなど一切を引受けてこられている、みかん農園経営の現当主山下友三郎氏をご紹介していただいた。山下家は長三郎の生家の隣りで、かねてから懇意であった。友三郎氏は長三郎関係の史料を筆者に提示され、いろいろうご存じの事を聞かせて下さった。さきの記念碑はじめ中浦郷への教育資金・電燈新設工事費の寄附の件もその一部であるが、同氏よりうかがった、故郷中浦の人びとの長三郎への敬慕を物語る二、三の事柄を記しておくことにする。

長三郎は、大正十年（一九二一）九月、大阪医科大学教授時代に、中浦郷の墓地に「楠本家の墓」を新しく建て、以前よりその墓域にあった先祖のものを合葬している。この墓の建立に当たって長三郎は、友三郎氏の祖父山下友治さんに資金を送って建立のことを頼んだもので、現に山下家には石屋その他に支払った記録、「楠本宅墓請負収支控」が残っている。中浦郷の墓地は、現在の国道二〇二号線の真上にあり、長三郎の生家より程近く、眼前には大島、崎戸島、平島、地島などが浮かび、天気の良い日には五島列島も望むことができる景勝の丘の上にある。

郷土中浦郷の人びとの長三郎への敬慕の念は、長三郎が昭和二十一年（一九四六）十二月六日阪大病院で逝去するや、中浦郷では直ちに楠本家に頼み、長三郎の分骨を郷土に迎え、中浦公

楠本家の墓は海を見下ろす景勝の地にある

民館で郷葬を挙行し、楠本家の墓に埋葬したことによって歴然としている。友三郎氏によると、「当日は祖父の友治が御遺骨をお墓へ運ぶ予定になっていましたが、何分一〇〇歳近くでどうにもなりませず、私が代わってお運び致しました。」とのことである。当日中浦郷の人びとが、たくさん会葬し、お墓におまいりして長三郎の在りし日の郷土への温情を思い起こし、その冥福を祈った情景が想像される。その後、楠本家では昭和三十一年（一九五六）になって、長三郎の嗣子荘一氏より、長三郎の生家の家屋敷は中浦郷へ、また宅地の下に山林がある分は山下様へ登記されたいと友三郎氏に依頼があり、友三郎氏は楠本家に代わり登記手続をとり、中浦郷へ右の楠本家所有分を譲渡した。但し、郷は法人でないので西海

中浦郷の墓地にある楠本家の墓

裏に「大正十年九月建立医学博士楠本長三郎」とある。

町へ登記されたとのことである。

中浦の中尾崇義氏は、すでに平成五年（一九九三）、「西海町中浦出身の歴史にのこる偉人」と題して、前回紹介した長三郎の郷への電燈設置・奨学資金の寄附のことに触れた末尾に、「楠本長三郎医学博士がこの世を去って間もなく五〇年になろうとしているが、博士によって中浦郷に寄附された生家も長年の風雨で傷み破れていくばかりで、住人も居ずさびれるばかりである。博士の意志をくんで何とかよい保存の方法はないか、皆さんの知恵をお借りしたい。」（『西海史誌』第四号）と述べられている。また、西浦史談会会長の田中修氏も、「西海町にゆかりのある人」と題した文に、「墓を含めて万事のお世話を、当時のお隣であり懇意にしておられた中浦北郷山下家（当主友三郎）の方々を始め、心ある方々のお世話によって供花も絶えません。

先生の旧宅一切もそのまま郷に提供され、御存命中度々郷の為に御配慮頂いた事、先生の学界での御業績は勿論、阪神地方の発展に寄与された御功績を讃えて大変貴重な記念碑が、建立等にもつくした方々の記名碑に守られる様にして建てられていて、後世の者に何時までも感銘を与えるものであります。中浦ジュリアン記念公園建設の計画も聞くが、既に碑文も風化により解明不能な部もあり、家屋の補修、庭園の整備を急ぐ必要がある様であります。」（同上誌）と記されている。

なお、山下友三郎氏宅床の間の欄間の上には大礼服姿の長三郎の肖像写真が掲げられている。これらによって、中浦郷の人びとの長三郎への敬慕の念が今も脈打っているのを知ることができよう。

山下友三郎家の床の間の上に掲げられている大礼服姿の楠本長三郎先生の写真

平成十一年（一九九九）三月一日には、西浦町長山下純一郎氏はじめ、町会議員中尾崇義氏らが本学吹田キャンパスにおいでになり、医学部前の長三郎の胸像、楠本会館と同会館前の胸像とをご覧になって感慨深げだった（後掲写真参照）。西浦町では中浦の長三郎の生家のあたりを整備・保存して郷土出身者としての長三郎の学徳、人徳を後世に伝えようと計画されているよ

左より山下友三郎氏、筆者、友三郎氏夫人

うに聞いた。このように長三郎と郷土の人びととのUnbroken Thread（断たれざる絆）が、今もまたこれからあとも永く存在しつづけるであろう。

## 三　大阪医科大学長・大阪帝国大学の創設──初代医学部長

長三郎は明治三十三年（一九〇〇）十二月東京帝国大学医科大学医学科卒業後、三浦謹之助の門に入ったが、入澤達吉が入澤内科として独立するに当り、その筆頭助手として同教室の創設に参与勤務した。やがて明治三十七年日露戦争の勃発するや、衛生補助員として傷病兵の治療に当り、勲六等瑞宝章を授けられた。翌年三十八年四月、大阪府立高等医学校（明治三十六年、大阪府立医学校を専門学校令により昇格・改称）を大学にする意気をもって万般の用意を整えるべく、しかるべきメンバーの招聘を企てていた同校校長の佐多愛彦によって長三郎は白羽の矢を立てられ、同校教諭に迎えられ、当時大阪医学校よりも大阪病院で世に知られていた内科医長となった。佐多は、「世の臨床家には大学の教授もでき、かつ臨床家としても万人の信用を得るような人は極めて尠《すく》ない。幸に本校が斯界の耆宿《きしゅく》、三浦謹之助・入澤達吉両先生の薫陶を得て、既に内科医として噴々たる名声を有する楠本先生を聘することを得たのは本校の幸いである。」と語っている。長三郎は明治三十九年三月～四十年十月までドイツに留学、ブレスラウ（Breslau）のローマン（Römann）教授に師事し、同教授の生理化学教室でザリチンの作用、種々の食餌と糞便中の胆脂との関係、研究に多大の関心をもち、長三郎と同時に助教諭として奉職した古武《こたけ》弥四郎の生化学教室をよく訪ねて、当時よりぼつぼつ世に宣伝されるに至ったビタミン、殊に今日の$B_1$について語っていたという。弥四郎は、「しかし、先生（長三郎）のご努力は実験研究よりもさらに大きく臨床に傾けられ、患者に対して親切到らざるなく、勤務というよりは趣味をもって診療に従事せられたようである。いわば好んで患者を診られたといってもよいと思う。」と述べている（古武弥四郎「楠本先生の追憶談」『日本臨牀』第一二巻第六号、昭和二十九年）。やがて、明治四十二年（一九〇九）東京帝国大学に、長三郎は「腎臓に於ける出血の発生に就いて」の論文を提出して医学博士の学位を授けられた。

大正四年（一九一五）十月、大阪府立高等医学校は、本邦初めての単科大学として府立大阪医科大学と改称した。ここに佐多学長が多年にわたり念願とした医育統一の主張がようやく認められたものといえる。

こうして、いよいよ医科大学・同附属病院が発展しようとしているさい、大正六年（一九一七）二月、附添人のアルコールランプの失火により病院が烏有に帰するという不幸に見舞われた。佐多学長は、長三郎ら諸教授の努力、大阪府会その他市民の協力をえて鋭意その復旧を進め、大正十二年、その一部が落成したのを見て退職した。その後任には衆望によって長三郎が擬せられたが、長三郎が受諾するまでには相当時日が経過するほど慎重熟慮した結果、ようやく大正十三年五月大阪医科大学長兼教授に補された。時に五四歳。

長三郎は、学長就任後も、患者の診療に当って常に親切と旨とし、治療にかけては名人ともいわれたほどで、大阪の実業界・言論界その他各方面の長三郎への信望は非常なもので、誰しもその厄介になった。また大学の運営についても、大阪府会議事務長であった西尾幾治を迎えて大学・病院の経理事務の刷新につとめ、内は教授会の協力一致、外は同窓会や府、市民の支持者も多かった。また他方、大阪の繊維業界の富豪、山口玄洞氏より山口厚生病院の寄附を受け、佐多学長時代に寄附された塩見理化学研究所（塩見政次寄附）、竹尾結核研究所（竹尾治太郎寄附）と共に大学の一層の発展をみた。

なお、長三郎が学長に就任した大正十三年には長三郎の長女菊江が、長岡半太郎の次男正男（のち、工学博士、日本工学会会長ほか）と華燭の典をあげ、楠本家と長岡家とは縁戚になった。

もともと半太郎と長三郎とは同郷の先輩後輩の関係でかねてから親交があるのみならず、半太郎はその妻操子《みさこ》（箕作麟祥の三女）や幼子の医療を在京中の長三郎に全面的に頼んでいたことなど、長いつきあいの中から自然にそうなったようである。

楠本長三郎先生ご一家の写真　向かって左より、母堂マン、長三郎、三重夫人、五郎（五男）、虎三（三男）、健次（次男）、四郎（四男）。長男壮一は写っていない。『西海史談』第４号、平成５年3月西海史談会編集・発行、所載

　学長就任いらい長三郎は、懸案の大阪帝国大学の創立実現に日夜努力をした。みずから昭和五年（一九三〇）四月から半年間欧米各国へ出張して大学制度の実情を視察・研究した。帰国後、学内教官団、並びに大阪府、市、財界、言論界等の官民一致の協力をえて、いよいよ大阪帝大の実現に向け熱心に奔走した。幸に時の浜口雄幸総理、井上準之助蔵相らの理解をえて、難色を示すものも多かった貴族院の審議も通過し、昭和六年（一九三一）五月一日、大阪帝国大学の実現をみるに至った。

　さきの初代総長長岡半太郎のさいにも記したように、大阪帝大創設費として大阪府からの寄附金は総額一八

医学部玄関の楠本長三郎先生胸像前に西海町長ら一行を迎えて　向かって左より　楠本正一教授、大西海農協営農部長松本孝司、西海町議会議員中尾崇義、楠本武夫、西海町長山下純一郎、西海町議会議員松原政敏の各氏（1993・3・1撮影）

五万円にものぼり、うち九七万円は病院収入残余で、これは実に長三郎の大学・病院の経理運営の刷新によるもので、大阪帝国大学が「国立大学らしからぬ国立大学」として誕生したところに大阪的な特色があると言ってよい。

このような大阪帝大の出発にあたり、初代総長として世界的学者である長岡半太郎を迎え入れたのは長三郎の配慮によるところ大きかったといわれる。そして長三郎はみずから初代の医学部長となった。初代総長の半太郎が、その就任を受諾するのあたり、当初より就任期間を短くして早々と退任し、その後任に長三郎を予定していたことは周知の通りである。この両人の間には以心伝心よく通ずるものがあり、長三郎が半太郎を初代総長として迎えたのには、東京、京都の先発帝大にひけをとらない、むしろ世界に通用する大学として大阪帝大を一段と格上げしたものにしようとする秘められた思いがあったようである。

# 四　総長時代

## 戦時下の大学運営

長三郎は、昭和九年（一九三四）六月二十二日より同十八年（一九四三）二月三日まで八年七カ月余、第二代総長として大阪帝国大学の発展に寄与した。しかし、その任期は、昭和六年（一九三一）九月開始の満州事変が、同十二年七月には日中戦争へ発展し、やがて同十六年より太平洋戦争へ突入した、いわゆる十五年戦争の時期に相当し、国内問題として国体明徴・国民精神総動員が行なわれ、国際的には英米との対立・独伊への接近となり、これらを歴史的背景に帝国大学の運営にも種々の戦時下の国家的規制が加えられた。長三郎総長をはじめ、当時の執行部がその対応に追われたもので、苦悩も多かったと想像される。

長三郎の総長時代、戦時という条件のなかで、直接生産力の増強につながる工学部の拡充が図られ、航空学科（一九三七年十月）、精密工学科（一九三九年四月）、通信工学科（一九四〇年四月）

が新設された。また、軍医補充の目的で、医学部に附属医学専門部（一九三九年五月）も設置された。

ところで長三郎の総長時代に注目すべきことは、地元大阪の財界などの協力で、本学の外郭研究機関たる各種の附置研究所の設立を見たことである。

## 微生物病研究所・財団法人大阪癌治療研究会の設立

まず、最初に設立されたのは、昭和九年九月の微生物病研究所（大阪市北区堂島西町）である。本研究所設立の動きは、大阪医科大学時代にあり、昭和二年九月東京帝大伝染病研究所から谷口腆二が、細菌血清学長として招聘され、阪神の地が海外よりの伝染病侵入の門戸で、その防疫の適否は国民生活に重大な関係があり、かつ関東大震災（一九二三年九月）に伝研が壊滅的打撃を受けたのに鑑み、東京一ヵ所のみでは今後の天災地変に十分対応できないと大阪に伝研の必要を主張したのに始まる。昭和四年（一九二九）学長の長三郎が、この谷口の主張に賛同し、大阪府知事柴田善三郎と協議を重ね、大阪財界に研究所創設に協力を要請した結果実現したものである。当時、竹尾結核研究所・山口厚生病院に関係深い日紡社長菊池恭三・同重役田代重右衛門が斡旋して富豪の洋反商山口玄洞より二〇万円の大阪府への寄附により、大阪府が本研究所を建設し、国に寄附する方法がとられた。このとき、東京帝大の伝研と同じ呼称をさけ、

楠本長三郎先生胸像除幕式（昭和30年5月28日旧医学部玄関前にて　この胸像は現在医学部玄関前にある）『阪大Now』No.12．1999.5より

本学では微生物病研究所と称し、初代所長に古武弥四郎が就任し、癩・寄生虫・癌・結核等の研究組織として着々と充実していった。またこのころ、東京では昭和八年（一九三三）十一月、長与又郎（東京帝大医学部長・伝研所長）が財団法人癌研究所を組織し、間もなく癌研究所・同附属康楽病院が開設されたのに呼応して、長三郎の発起で昭和八年十二月、大阪の財界人七三人が大阪クラブに集まって大阪癌治療研究会が組織され、やがてこの会は、昭和十年八月、寄附金が六一万円に達したので、財団法人大阪癌治療研究会に発展、長三郎が初代理事長に就任した。この寄附金のうちには、東洋紡社長庄司乙吉の周旋による、元東洋紡重役岡常夫氏養嗣子岡惟生より四〇万円（ラジウム購入指定寄附金）があった。この四〇万円でチェッコ・スロヴァキアからラジウム三グラムを買入れ、大阪によるラジウムによる癌治療の端緒が開かれることになり、新聞に

も大きく報道された（大阪朝日新聞、昭和十年十月九日記事）。

## 災害科学研究所の設立

次に、昭和十二年（一九三七）一月、日本学術振興会附属災害科学研究所の設置をみた。これは、昭和九年九月、近畿地方一帯が室戸台風による大風水害を受けたのを契機に、日本学術振興会が翌十年五月、災害科学研究機関を大阪に設けるよう勧告したのに始まる。本研究所の設立・運営は、寄附金によるものとされ、災害科学研究所設立後援会が組織され、その会長と運営委員長には住友合資の小倉正恒が就任し、第一期事業資金五〇万円の募集を開始し、東洋紡績は風洞建設資金として二〇万円を拠出した。所長には長三郎総長が委嘱され、災害の地球物理学的研究の第一部は大阪市東成区勝山通の中央気象台大阪支台内に、災害に関する理工学的研究の第二部は北区東野田の工学部内に置かれ、第二部長には鉛市太郎工学部長が委嘱された。しかし、本研究所は長三郎が総長の任期を終えた直後の昭和十八年三月末に解散し、第二部の設備は新設の財団法人航空科学研究所に譲渡された。

## 産業科学研究所の設立

さらに、昭和十四年（一九三九）十一月には産業科学研究所が、堺市東浅香山町に設立された。この産研の設立の動きは、阪大創立の直後より大阪財界有志のあいだで東京にある理化学研究所と同様の研究機関を大阪にも設け、産業の基礎を確立しようとの希望が生まれたことに見出すことができる。この動きは、阪大の理学部・工学部の充実発展と準戦時体制への移行に伴い、次第に大阪産業界にとり緊急課題となった。

楠本会館前の楠本長三郎先生の胸像
（題字は伊藤忠兵衛、作者は広井吉之助）

やがて、日中戦争開始の四月前の昭和十二年三月、大阪産業界の要望をみたす理工学研究所の設置を期して、大阪財界有志の会でもある大阪政治経済研究会では長三郎阪大総長と協議して研究機関設置促進有志協議会が生まれた。そして間もなく、阪大に産業科学研究所を附置し、その援助機関として、「財団法人産業科学研究会」を設立することを決定し、基金を集めて政府に寄附し、研究所の設立を促すことにした。この活動母体としてできた「大阪帝国大学産業科学研究所創設期成同盟会」は住友本社総理事小倉正恒、伊藤忠商事社長伊藤忠兵衛ら三六名を役員として政府に働きかけた。その結果、政府は昭和十三年度追加予算として計上し、産研創設費五二万余円が協賛された。しかし、その額は当初計画の六七〇万余万円より著しく削減されたものであったが、ともかく阪大附置の産研設置が決まった。さきの創設費五二万余円のうち政府支出金は二五万円で、残りの二七万余円は民間支出金（のち産研協会資金より支出）という状態であった。このようにして出発した産研であったが、さきの期成同盟会が解散し、財界の寄附による四〇〇万円を基金としてできた「財団法人産業科学研究会」（理事長は小倉正恒）の積極的援助により戦時中に大きく成長した。

産研の土地は五七、五九七坪であるが、そのうち一二、〇〇〇坪は、伊藤忠兵衛の呉羽紡績からの寄附であった。昭和十六年（一九四一）産研増設のとき、産業科学研究会の援助によって所員の福利厚生施設として建設されたのが、「楠本会館」で、産研関係者が、研究所創設に尽力した長三郎の業績を永く記念しようと名づけたものである。昭和四十三年（一九六八）、産研の堺市から吹田キャンパスへの移転に伴って、旧会館の建物は奈良に移築され、現在は産研西側に新築の楠本会館があり、その前に産研協会寄贈の長三郎の胸像が建てられている、胸像の作者は、広井吉之助、題字は産研協会第三代理事長伊藤忠兵衛である。

　以上のように、長三郎の総長時代に相次いで附置研究所の設置をみたことは、一部に時代の要請があったとはいえ、大阪の政・財界の長三郎への全幅の信頼の結果であった。その一端を伊藤忠兵衛の口述にうかがうことができる。忠兵衛は、さきにも触れたように、産研設立のさい土地を寄附したが、そのときの経緯について次ぎの如く語っている。「当時先生（長三郎をさす）より価格を安くしなくてもよいから政府の公定で世話してくれと言われ、提供した処、その後仲々決済をして呉れないので催促すると、ロータリークラブで会った時、先生が寄贈用紙を総て準備して此れに署名して呉れと言われ、無理矢理に寄贈させられたが、先生は大学の充実に非常な努力をされ信念の強い珍しい人であった。（中略）公平に考えて大阪大学のある限り、楠本先生はその功労の第一級である。」（伊藤忠兵衛口述「大阪大学と楠本先生」『楠本先生胸像除幕式報告』昭和三十年）と。このようなやりとりが二人の間で談笑の間に成立したのには、長い間に積み重ねられた相互の深い信頼のせいであった。忠兵衛は日露戦争（一九〇四～五年）当時から長三郎の世話になって「若い医者乍ら大した医者である」と大変信頼し、その後長三郎を伊藤家の主治医に迎えたもので、長三郎が昭和六年、帝大昇格に奔走しているときには、忠兵衛は、時の浜口雄幸内閣の井上準之助蔵相とは特別に親密であったところから、蔵相に「楠本先生は話が長く下手であるが、誠意ある人である。私が責任をもって推薦する」と進言し、長三郎を応援した人物であった。このように長三郎が大阪の政・財界に多くの知己を有し、その絶大な支持をえていたことは若い阪大の成長・充実にとって幸福なことであった。

## 戦時体制の強化と総長の苦悩――「帝大問題」と「大学問題」――

ところで、昭和十二年七月日中戦争が始まってからは、次第に戦時体制が強化され、国民精神総動員運動の実施をみ、昭和十四年六月には文部省訓令として、「青少年学徒に賜はりたる勅語」（五月二十二日）の奉読式挙行の通達があった。また同年七月七日「支那事変」第二周年記念日当日には、授業を休止し、甲子園運動場を中心に医・理・工および専門部の学生隊の野外演習が実施され、配属将校の講評後、引き続き同運動場にて勅語（事変ニ関シ下賜ノ勅語）奉読式があり、その後も米・英両国に宣戦の詔書奉読などに総長の出番が多くなった。しかし、このころ長三郎が最も頭を痛めたのは、いわゆる「帝大問題」であったであろう。『長与又郎伝』によると、昭和十三年（一九三八）七月、突如として第一次近衛内閣の荒木貞夫文相（陸軍大将）により、「各帝大総長の選挙による決定廃止」が提案され、やがてそれは学部長・教授・助教授の決定にも及んできた。

帝大の人事権は、大正七年（一九一八）山川健次郎東京帝大総長時代に、時の岡田良平文相との間に作製された「東大総長選挙、学部長補職、教授、助教授ノ任用内規」いらいのもので、いわゆる大学自治の根幹である。それに対して、今後は大学内の人事に関して文部省が直接に発言権を保持しようというものであった。荒木文相の考えは、当時続発の大学の思想的事件により恰も大学が自由主義思想の発源地のごとくみなされているのを是正し、同時に社会のあらゆる機関が強力な国家統制の下に入りつつある時、独り大学のみ自治体制の状態にあるべきにあらずと考えたものに他ならない。しかし、これはすでに軍部ファシズムの学問の自由弾圧への端緒とみるべきものであった。各帝大とも全学あげてこの帝大問題に苦悩し、京都・東北・九州・北海道・大阪の各帝大総長、或いは代理は上京し、大学相互関係で連絡し合うなどし、長与総長は学内の意見の統一や文部省との折衝にあらゆる努力を続け、健康をそこなったといわれる。本学でも長三郎が総長として、この問題の対処に鋭意努力した。やがてこの事件は、同年十月に至り、ようやく解決し、大学の自治がまもられた。

その後、昭和十七年（一九四二）十二月、東条英機内閣の橋田邦彦文相のとき、再び「大学問題」が起こった。これは昭和十八年度大学予算に関して文部省の内示によると、東京帝大・京都の両帝大の総長を親任官とし、事務局長は勅任書記官として局長たらしめる計画の趣きであることから、帝大相互間に無用の差別を設けるものとして物議を醸《かも》したものである。この問題も長三郎の任期中のことであったが、大して表面化せずに終わった。なお、昭和十六年（一九四一）四月発足の「大阪帝国大学学風会」（国体の本義に基づき大学令第一条の主旨を体し、会員の心身の鍛錬を図るを持って目的とす）の会長に、また同年八月文部省発令として学校報国隊大阪地方部長に、さらに同年九月大学を軍隊編成化した「大阪帝国大学報国隊」の総長に、それぞれ長三郎が就任しているのも、その時代色をよく示すものである。

## 適塾・雙松岡の保存・顕彰

さらに、長三郎が総長時代に関与した二つの事跡をもらすことができない。その一つは、昭和十七年（一九四二）九月、現在の緒方洪庵の「適塾」の土地・建物が、緒方家と日本生命保険株式会社社長成瀬達とが協議のうえ、本学総長楠本長三郎に寄附されることになり、同年十月八日、折から来阪中の橋田邦彦文相を迎えて、大学当局、適塾縁故者および大阪知名の士が同塾に多数参集して譲渡式および資料展が行われたことである、今日、阪大が自然科学系学部の源流として「適塾」を有していることは、他大学に誇りとすべきもので、史跡・文化財「適塾」参観者の盛況ぶりを思いあわせるとき、本学への寄附に尽力された当時の関係者各位の盛意を忘れてはならないだろう。もう一つは、長三郎が郷土の先賢松林飯山先生を顕彰すべく、昭和十八年五月一日「雙松岡」の碑を堂島河畔（旧阪大病院南東隅）に南面して建て、関係者が除幕式を行なったことである。（毎日新聞、昭和十八年四月二十八日予告記事）。この碑文（背面）は、次のごとくである。

雙松岡ハ松林飯山、松本奎堂、岡鹿門ノ塾ナリ。三子ハ皆昌平黌ノ才俊タリ。文久元年（一八六一）十一月玉江田蓑ニ橋ノ間、堂島枕流ノ一棲ニ此塾ヲ開キ、尊攘ヲ鼓吹シ、名声大ニ揚ル。遂に幕吏ノ圧迫ニ逢ヒ、明年五月解テ去ル。後奎堂ハ天誅組ノ義挙ニ死シ、飯

適塾譲渡式　昭和17年10月8日
立っているのは橋田邦彦文相、右に座っているのは楠本長三郎総長

楠本長三郎建立「雙松岡」の碑
（松田栄一編『雙松岡』昭和18年3月発行、にくわしい。）

山ハ大村藩ニ帰リ、五教館ニ教授シ、正義ヲ以テ兇刃ニ斃レ、鹿門独リ寿ナリ。今予大村藩ニ生レ、幸ニ大阪帝国大学総長タリ。先考実ニ飯山ニ学ヒシヲ懐ヒ、乃チ先蹤ヲ彰ニセント欲シ、当時河野鉄兜ノ書セシ門榜ヲ模シテ碑表ニ刻シ且之ヲ記ス

これによって、その来歴を知ることができる、碑の東側面に、「紀元二千五百三年　昭和十八年五月一日」、西側面に「正三位勲一等楠本長三郎建立」とある。現在、旧阪大病院の東側三分の一ほどは取こわされ、法務省関係庁舎の建築中で、この「雙松岡」の碑も一時取り除かれているが、庁舎完成後は旧跡保存上、なるべく旧位置に戻されるよう願いたいものである（平成十三年（二〇〇一）十月三十一日、大阪中之島合同庁舎が竣工し、この碑は旧位置に復した）。

## 五　その晩年

長三郎は、昭和十五年十一月、ドイツ国より自然科学方面への功績によりドイツ・アカデミー会員に推薦された。やがて昭和十七年秋より総長辞任の意を洩らし、全学惜別の情にかられ

昭和59年度（1984）楠本賞メダル（川合敏久制作）

平成8年度（1996）楠本賞メダル（川合敏久制作）

る中を、十八年二月三日付で退官した。退官に先立って親任官の待遇を受け、のち正三位に叙せられ、勲一瑞宝章を授けられた。長三郎は酒も煙草も相当にたしなんだが、昭和十四年東京出張中に心筋梗塞症を発してからは、プッツリと酒・煙草をやめた。昭和二十年八月五日、阪神空襲のさい芦屋の自宅が全焼し、所持物を全部失ったが、そのことについて愚痴らしいことは一言も洩らさなかった。家庭では令夫人とともに花を愛し、庭園に色々の花を栽培し、二人で仲よく土いじりをした（布施信良「楠本長三郎先生」『日本医事新報』第一三八号、昭和二十五年）。三重夫人は、昌谷《さかや》千里《ちさと》（瑞一郎）の長女で、千里は津山藩儒として著名な昌谷精渓の子で、明治政府の司法省に出仕、大審院判事で大阪事件の主任判事などをつとめた。三重は明治十七年（一八八四）三月生まれで、漢学者の家系だけに、子供のころから習字をしていて長三郎より字が上手だったということである。

長三郎は、昭和二十一年（一九四六）十二月六日阪大病院にて逝去した。享年七六歳。のちに同月二十六日、医学部大会堂で総長事務取扱仁田勇理学部長の司会により告別式が行なわれた。墓は阿倍野の楠本家墓地にて御母堂の傍に営まれている。

今日の阪大生には「楠本賞」がなじみ深いであろう。楠本長三郎の退官を機に、昭和十八年二月、「楠本前総長記念奨学会」が組織され、財界、個人に対して奨学資金を募集し、寄附金二四万四三一円をもって昭和二十年三月「楠本博士記念奨学会」が発足した。同奨学会では、長三郎の「在職中の意志を継承し、人文及び自然科学の発達を促進助成する」趣旨のもとに、同年十二月、「○人文及び自然科学研究に対する資金の補助　○同研究会の養成　○優秀なる研究業績に対する表彰　○大阪帝国大学各学部の優秀なる卒業生に対する表彰などの事業を行なう」という同会の「規定」を制定した。いわゆる楠本賞はこの「規定」により授与されるもので、長三郎総長の阪大発展への熱情に全阪大生はよくこたえるべきである。

（梅溪　昇・うめたに　のぼる　プロフィールは21頁参照）

第三代総長

眞島　利行

芝　哲夫

## 一　生い立ち――修学時代

　適塾の門人録『適々斎塾姓名録』の五四八番目に「萬延元年八月朔日入門丹後田邊眞島秀庵倅眞島多一郎」と署名したのが、眞島利行総長の尊父である。多一郎は舞鶴の眼科医眞島利往の長男で、後に利民と称した。舞鶴から京都に出て、医家の船曳氏に師事した。当時京都には産婦人科の船曳紋吉、卓介父子がいて、卓介は適塾に入門して、蘭書から日本最初の西洋産婦人科書を訳して『婦人病論』を出版していた。利民が適塾に入門したのは、この卓介の影響であったと思われる。

　利民は、適塾の後、洪庵のすすめで、長崎に留学し、後に大阪医学校に来るオランダ医、ボードウィン、エルメレンスから直接に西洋医学を学んだ。明治になってから、利民は大阪軍事病院、京都療病院、京都府立癲狂院などに勤務した後、明治十年（一八七七）より、京都河原町三条上るで開業した。

　眞島利行は、利民の長男として明治七年（一八七四）十一月三日に生まれた。父利民の医業は大いに繁昌し、利行の幼年時代は多くの使用人にかしずかれて、欲しいものは何でも買ってもらえるという恵まれた環境に育った。しかし、その父は利行が中学校に入った翌年の明治十九年（一八八六）、利行の一三歳の時に亡くなった。

はじめての人生の逆境に遭遇した利行少年は、当時京都に大学も高等学校もない時代に強く勉学を志し、母を説き伏せて、東京遊学を決心した。明治二十一年（一八八八）一五歳で上京した利行は予備校の共立学校に入った。校長は後の首相となった高橋是清で、英語を習ったのは味の素の発見で知られる池田菊苗であった。後に利行は東京大学に入って、この池田から化学を教わることになり驚くのである。

第一高等学校時代『眞島利行先生—遺稿と追憶—』1970年より

利行は第一高等学校の入試に一度失敗し、再度の挑戦で明治二十三年（一八九〇）に入学することができた。後年の利行は巨軀で知られるが、当時の利行は痩せていて、筋骨薄弱であったので、父のように夭死しないかと心配して、一高時代には学業よりも、ボートや水泳などのスポーツによる体力作りに専念した。

いよいよ一生の専門の道を決めるとき、利行は亡

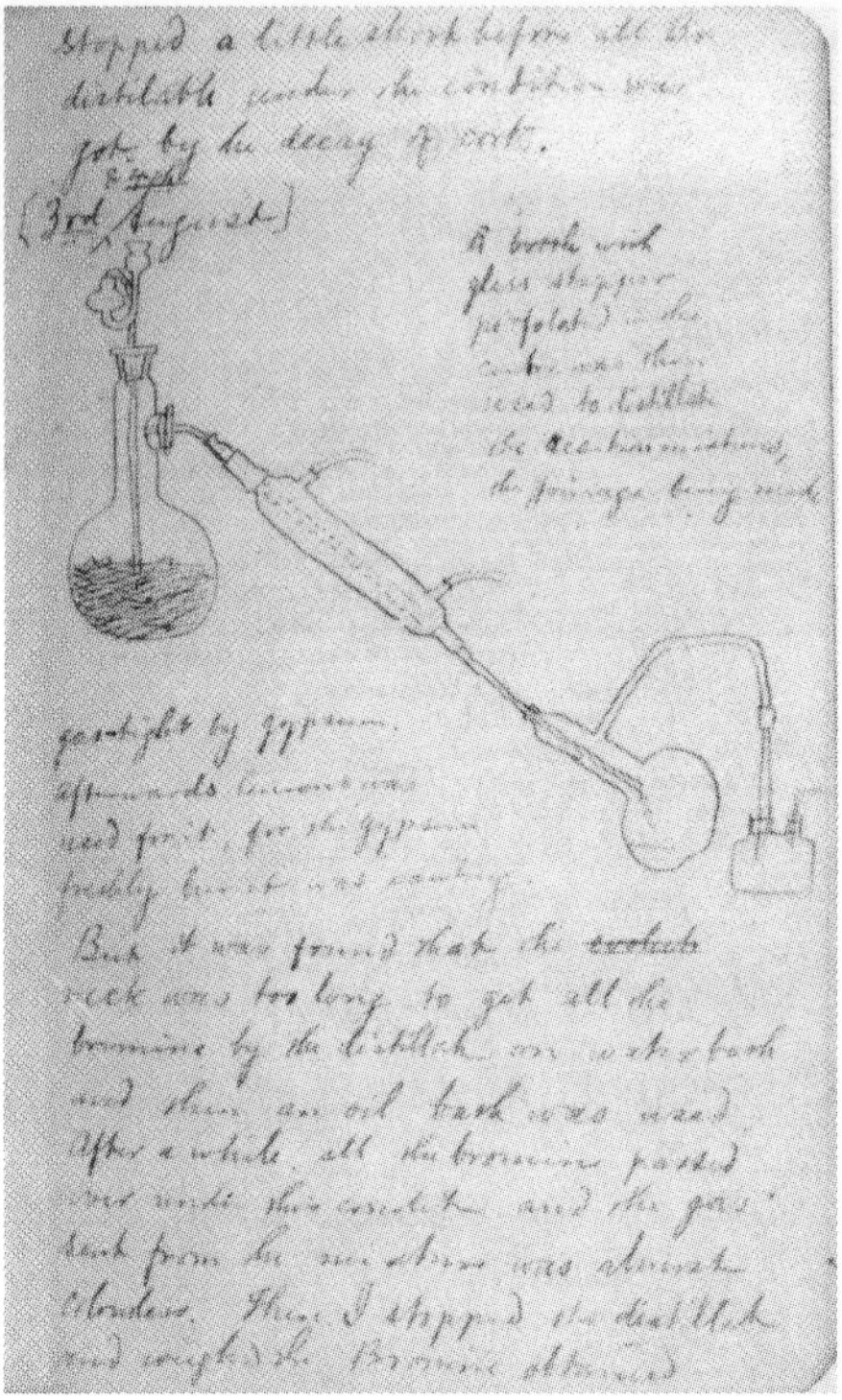

眞島利行の化学実験ノート

父の遺産を欺いて奪うような人間の多い世間相手の仕事を厭い、自然を相手とする学問に身を投じようと思った。はじめ地質学を志望したが、幼児より近視眼であったため、地勢の遠望や鉱物の顕微鏡観察をする地質学には不利であるといわれて、代わりに分子の構造を研究する化学を選んだ。

当時は高等中学校旧制度であったこともあって、一高に六年間在学してから、明治二十九年（一八九六）に、当時わが国で唯一の化学科のあった東京の理科大学、現在の東京大学理学部に進学した。三年後の明治三十二年（一八九九）に卒業した眞島は化学教室で唯一の助手に任命され、四年後に助教授になった。眞島は有機化学の研究を志したが、その頃は日本にこの分野での師はいなかった。致し方なく眞島は当時隆盛をきわめていたドイツの有機化学の大家の論文を「大研究の研究」と称して読破することから、わが国の有機化学の開拓的研究を始めた。その研究題目としては、熟考の末、たとえ欧米人と競っても彼らに先んじられることのない東洋特産の天然有機化合物の研究でなければならないと考えて、日本の漆の化学的研究に思い至った。

# 二　欧州留学と東北大学時代

眞島利行は明治三十九年（一九〇六）三三歳で新開美枝子と結婚した翌年に、単身で海外留学の途についた。まず、スイス、チューリッヒの錯体化学の権威ウェルナー教授の研究室に留学の後、ドイツ、キール大学のハリエス研究室に移った。ハリエス教授は有機分子の炭素炭素不飽和二重結合をオゾンで酸化分解するオゾン分解法の開拓者として知られている。眞島がハリエス研究室を選んだのは漆の研究が念頭にあり、その成分ウルシオールの分子構造中に多く存在する不飽和二重結合の位置を決めるのにこの方法は不可欠と考えたからであった。

眞島のドイツ留学中に仙台に東北帝国大学の新設計画が進んでいた。その理学部長就任が予

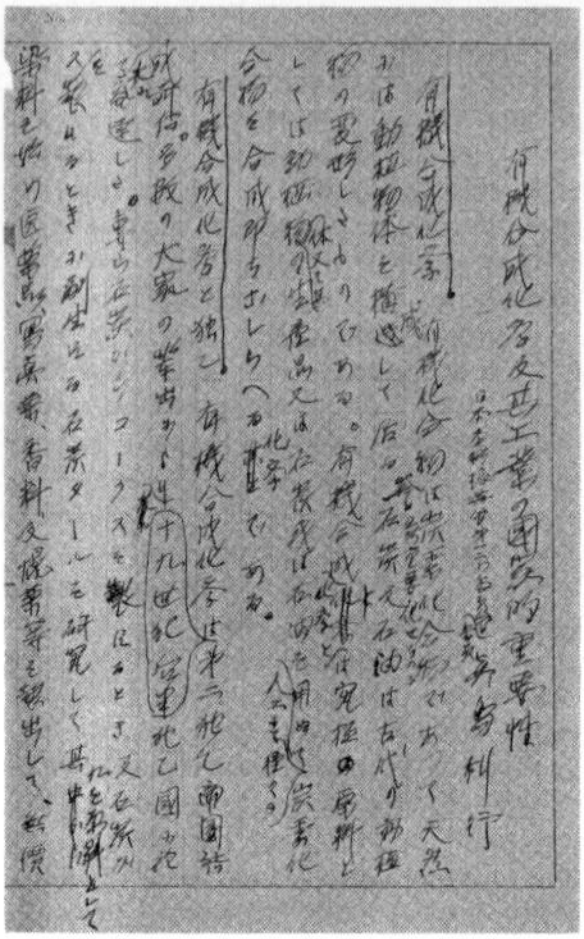

「有機合成化学及其工業の国家的重要性」と題する昭和16年5月17日の大毎講堂での講演原稿

定されていた長岡半太郎が欧州出張中の明治四十二年（一九〇九）春に、欧州留学中の教授予定者をパリに集めて会議を開くということがあった。眞島もこの会議に呼ばれた。後年、大阪大学開学に際しての長岡と眞島の関係はこのときから結ばれていた。明治四十四年（一九一一）、四年間の留学を終えた眞島は予定より遅れて開学された東北帝国大学に迎えられた。留学の経験はこの大学にわが国はじめての世界レベルの有機化学実験室を開設するに役立った。眞島がキール大学で習得した知識によって、オゾン分解、真空蒸留、接触還元、加圧還元の諸装置のみならず、硝子工場、加圧給水装置も新設された東北大学化学教室はわが国近代有機化学発祥の地と目されるようになった。

これらの当時の最新機器を駆使して、眞島は漆の成分のウルシオールの構造研究を再開した。というよりも、前記の新しい諸装置がなければ漆の研究は行い得なかった。伝統も装置もない無から出発して、日本の有機化学を定着させ、天然物化学研究の土壌を作り上げようとした眞島の強靭な意思と努力に今日の我々はただ敬服するほかはない。明治三十八年（一九〇五）に開始した漆の研究は、十二年を経た大正六年（一九一七）に大体完了し、その研究によって、眞島は大正二年（一九一三年）に今日の日本化学会賞に当たる桜井賞を受け、同六年（一九一七）に帝国学士院賞を受賞した。

その間、眞島はこの東北大学の化学教室で次の日本の有機化学を担う幾多の俊英を育て上げた。後に大阪大学理学部初代教授になった小竹無二雄、総長になった赤堀四郎も眞島門下生であった。眞島の教育方針はたとえば、学生の赤堀四郎の場合、「アミノ酸に関して何か良い問題を自分で考えなさい」と命じることから始まった。悩んだ末に赤堀は味の素製造の廃液を利用して、各種アミノ酸を分離するという問題を考えついて、先生に返事に行ったところ、「君、こんなことは研究しなくても、結果は大体見当がついていることだ。研究というものは、研究しなければ見当のつかないことを研究する

欧州留学時代の眞島利行
チューリッヒにて、明治43年（1910）。左：朝比奈泰彦、中央：眞島利行、右：柴田雄次。

のが本当の研究なのだ。もっと良い研究問題を考えなさい」と叱られたという。このことから、わが国蛋白質・アミノ酸化学の開拓者赤堀四郎が生まれることになるのである。

当時の東北大学は沢柳政太郎初代総長の英断で、はじめてわが国の帝国大学に女子学生入学の道が開かれた。その第一回の女子学生の黒田チカが眞島研究室に入ってきた。眞島は黒田に昔から日本で使われている格式高い天然色素「紫」の研究題目を与えた。眞島自身が実験して、紫根から美しい結晶を取って、それを黒田に見せた時の感動がわが国最初の女性化学者の生涯を決定した。

眞島は大正十五年（一九二六）に帝国学士院会員となり、同年また東北帝国大学理学部長となった。仙台時代の眞島の実績として、まだ学術情報に対する認識が世の中になかった時に、時代に先がけて、わが国の化学研究文献をすべて抄録して分類整理し、この国の化学研究の促進を図るとともに、海外にも日本の研究活動を知らせる目的で、大正十五年（一九二六）に財団法人日本化学研究会を設立して、自らその主幹となって、『日本化学総覧』を昭和二年（一九二七）から発行した。この事業は現在日本科学

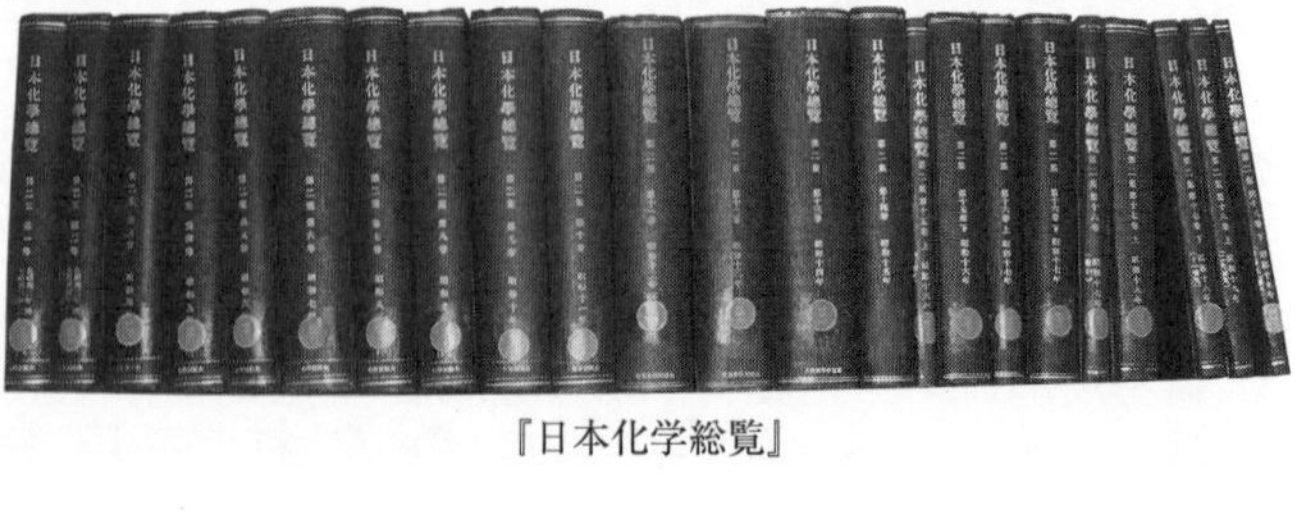

『日本化学総覧』

技術センター（JICST）に移譲されて、『科学技術文献速報』として継続刊行されている。

大正八年（一九一九）に眞島は愛児の七歳の長男を失うという悲劇に遭遇した。その打撃から立ち直るために眞島は妻とともに、その二ヵ月後に受洗してキリスト教徒となった。その後も眞島の心には科学と宗教が両立して、若い頃に嫌った世間との交わりにむしろ積極的に取り組み、大学、学部の新設の中での人間関係に立ち向かう力を培うことになるのである。

## 三　大阪大学時代

昭和の時代に入り、わが国の科学研究の基盤が固まるにつれて、眞島は花咲爺のように、各方面より迎えられて、多くの大学研究機関の新設に関わることになった。昭和四年（一九二九）には東京工業大学教授、翌年には北海道帝国大学理学部長、そして昭和七年（一九三二）に、その前年に開学していた大阪帝国大学理学部に学部長として迎えられることになった。これは前述のように初代総長の長岡半太郎の要請を受けたものであり、同時に出発する医学部の学部長楠本長三郎は一高時代の旧友であったという因縁で、眞島は故郷に帰った気持で大阪に赴任し

寿楽荘における晩年の眞島利行先生

た。

理学部の新校舎が現在の大阪市立科学館、国立国際美術館予定地の場所に新築されるまでの間、隣接の医学部の校舎を借りていた。この時の建物は炭火で暖房していたので、還暦を過ぎた眞島は、一次換気不良による中毒をおこして、心臓に異常を来し、歩行困難になることがあったが、幸いに自然に治癒した。

眞島はこの理学部創設に全力を傾けて、当時のわが国を代表する新進気鋭の数学者、物理学者、化学者を集めて、嘗ってあるいは将来も例を見ない破天荒の人事を行って、活力ある理学部を作り上げた。初代教授の中の最年長は三十九歳であった。この新しい学部に招かれた人々の中から、わが国最初のノーベル賞受賞の湯川秀樹をはじめ、八名におよぶ文化勲章受賞者を出すに至った。

昭和十四年（一九三九）、一応理学部新設の任を終えた六六歳（満六四歳）の眞島は理学部長を辞して間もなく、大阪実業界の熱望により開設された大学附置の産業科学研究所の初代所長に就任した。眞島は来阪以来、当時大阪で唯一のロータリークラブの会員となっていた。産業科学研究所設立時は戦時中のため、国家予算は極度に少なく、その財政基金を大阪財界に仰がねばならなかった。財団法人産業科学研究所協会の小倉正恒理事長、古田俊之助理事長、伊藤忠兵衛理事はいずれも大阪ロータリークラブの会員であり、眞島はその例会の時間に親しくこれらの財界人と懇談して、事を円滑に運ぶことができた。戦後に発足する大阪大学の文科系学部設置の課題も戦時中既にこのロータリークラブの場で話し合われていたことが眞島の日記に見られる。当時の大阪ロータリークラブは大阪大学と大阪財界を結ぶ重要な役目を果たした。

大阪大学産業科学研究所構内の眞島利行先生銅像

昭和十八年（一九四三）に眞島は第二代楠本長三郎総長の後を受けて、第三代大阪帝国大学総長に就任し、戦中戦後の最も困難な大学行政に立ち向かうことになった。眞島が総長になって間もなく、わが国は太平洋戦争に突入し、国を挙げての非常時になった。この時、軍より大学に派遣されてき

大阪大学総長就任時の眞島利行先生、
市原硬先生画

た配属将校が大学における軍事訓練の時間を大幅に増やすように強硬に申し入れた。その時、評議会において、眞島総長は憤然としてその将校に向かい「君は軍の立場だけからのみ、そのような無理な要求をする。大学は学問の教育と研究をする責任を持っているところである。そのような無制限に軍事訓練だけ強化することはできない」と声を高めて配属将校を叱りつけた。列席していた学部長、評議員は総長が憲兵に連れて行かれるのではないかと心配したという。眞島はすぐれた学者であるのみならず、勇気ある教育者であったことを、後日赤堀四郎が述懐している。

昭和二十年（一九四五）、戦争が終わった年の秋、東京神保町の焼野原を眞島とともに歩いていた東北大学時代の門下生久保田尚志は、防空壕の入口でボロボロの衣服をまとった人々がパタパタと火をおこして夕食の支度をしている太古の人間の原始生活のような風景を前にして、眞島に尋ねた。「先生、一体これでこの国でまた化学をやれるようになるのでしょうか。」眞島は「意気地のないことをいうね。君こんなことは何でもないよ。僕たちが化学を始めた頃はもっともっと条件が悪かった。見てごらん。水道管だってちゃんと水が出ているではないですか。つなげばすぐ水も使える。回復するのに十年もかからないよ」とつぶやいて、立ち止まって折られて水道管から水が流れ放しになっているのをじっと見ておられたという。久保田は眼を開かれる思いがして、眞島の大きな耳を見つめ、改めて明治以来の日本の有機化学を開拓し、育て上げた人のしんの強さと人間の大きさに打たれ、深々と頭を垂れる思いであったという。

昭和二十一年（一九四六）二月、眞島は総長を辞任した。時に七三歳（満七一歳）であった。昭和二十五年（一九五〇）には眞島は文化勲章を受けたが、その五年前に美枝子夫人をなくしていて、その後は宝塚の寿楽荘に隠棲して、自適の生活を送った。眞島の孫弟子に当たる筆者は昭和三十五年（一九六〇年）に寿楽荘を訪ねて回顧談を伺ったことがある。米寿を前にして好々爺の眞島は孫に対するように、往時の話をいつまでも懇々と語り続けた。少年時代から青年時代にかけての記憶は詳細をきわめ、自ら昔を懐かしむようであったが、突然「ところで今でも、阪大理学部は赤煉瓦ですか」と東北大学と混同された質問を受けた。後半生の記憶が圧縮されてしまって、静かな幸いな老年を過されているようであった。

眞島は昭和三十七年（一九六二）八月十九日満八七歳の生を終えられ、京都南禅寺に葬られた。

芝　哲夫（しば　てつお）

大正十三年広島県生まれ。昭和二十一年大阪帝国大学理学部卒、昭和二十五年大阪大学理学部助手、昭和三十七年同助教授、昭和四十六年同教授、昭和六十三年大阪大学名誉教授。適塾記念会理事、財団法人蛋白質研究奨励会ペプチド研究所所長。

著書　『立体化学』化学同人、一九七一年
『ライフサイエンス有機化学』化学同人、一九八三年
『化学物語二十五講』化学同人、一九九七年
『オランダ人の見た幕末・明治の日本』菜根出版、一九九三年　　など多数。

第四代総長

八木　秀次

伊藤　順吉

# 一　戦前の理学部と八木先生

## 八木アンテナと阪大への着任

八木秀次先生は大阪帝国大学理学部が開設された一九三二年に、初代の総長の長岡半太郎先生の要請により、理学部物理学科の教授として着任された。大阪帝国大学は大阪府知事、市長を中心とする市民の強い要望によって設立されたものであり、長岡先生は理学部を一方においてはアカデミックな学問においてすぐれたものである半面、大阪という日本で最も多種の工業の発達している地域に貢献するために、科学に基づいた新しい応用の方面にも力を入れることを考えられ、八木先生の協力を要請されたのである。八木先生は東北大学工学部において、新しい電気通信技術の開発に大きな業績を上げておられた。特に、当時新しく発展した超短波通信において、幾多のすぐれた研究を行われた。電気工学においては電気回路理論などはすでに確立されていた。しかし、電磁波による通信は、回路理論では取り扱えず、物理学としての電磁気学を基礎にした考察が必要であった。八木先生は日本におけるこの方面の先駆者として、重要な研究を重ねられ、その一つとして、現在までもテレビのアンテナに用いられている八木アンテナを考え出されたのである。八木先生は、このように物理学の基礎に十分な理解を持っておられ、同時に、それから有用な工業技術を生み出していく才能を持っておられた。これが、上記のような意図で阪大の理学部を作るときに、長岡先生が物理学科の構成を八木先生に委任された理由であろうと思う。そして、八木先生は立派にこれに答えられ、一方において、当時勃興しつつあった原子核物理学の研究に力を注ぐとともに、物理学の応用方面を八木、浅田常三郎の両先生が担当されるというきわめてユニークな物理教室が作られたのである。八木先生のもうひとつの特徴は、単に学問の研究のみならず、極めてすぐれた政治力、組織力を持っておられたことであろう。これは単に大阪大学の設立の場合に大いに発揮されたばかりでなく、学会全般に対しても、また国際的な場においても、先生は指導的な立場を任されておられた。

## 技術院総裁

大阪帝国大学が設立されたころより、日本は満州事変、日支事変と戦争への道を歩むことになり、それにともなって、技術の飛躍的な進展が望まれ、理工学の研究も次第に戦時色を濃くしてゆくのである。そして、一九四一年には太平洋戦争が勃発した。一九四二年に、先生の優れた手腕を買われて、東京工業大学の学長に就任され、大阪帝国大学教授を辞任された。戦争の激化とともに、アメリカとの間の技術力の差が明らかになっていくのであるが、この技術力の差を全力を挙げて少なくする必要があるので、内閣に技術院が新設され、わが国の技術の全般を総括する事になった。八木先生は請われて一九四四年九月に技術院総裁に就任された。先生は当時として可能なあらゆる努力をされたのであるが、時すでに遅く、戦況の好転をもたらすことは出来なかった。そして一九四五年八月十五日の終戦を迎えたのである。

## 総長就任

大阪帝国大学においては、戦時中のご苦労を重ねられた第三代総長の眞島利行先生が一九四六年三月に辞任され、次代の総長として、敗戦後の壊滅状態にある大学の新しい建て直しのために、大学の創設に深く関与され、学問的にも、政治力においても、優れた手腕を持っておられる八木先生を、全学の期待のもとに、お迎えすることになったのである。ところが総長に就任された直後に、進駐軍による公職追放の命令が発せられた。これは戦時中に戦争遂行の為に責任ある地位にあったものは、戦後の公職に付くことを禁止するという命令であった。この命令により、多数の者がその地位から追放されることになった。八木先生も政府の重要なポストである技術院総裁をされたので、これに該当し、同年十二月に総長の職を去られることになった。従って、先生が総長であった期間は短いものであった。

## 二　八木先生のお人柄、私の印象

　数年後に進駐軍においても、その行き過ぎを認め、適当な審査のもとで追放を解除することを承認した。これによって八木先生も一九五一年に追放解除となった。その後、八木先生はわが国の復興には技術の増進なしには有り得ないと考えられ、これを政治に生かすべく一九五三年に参議院の全国区の候補として立候補され、見事に当選され、三年間、社会党派の一員として活躍された。また、先生の優れた学問的な業績によって、一九五六年に文化勲章を受章された。大阪大学とは直接に関係の少ないことについては、単に八木先生のご経歴として、簡単に触れるに止めた。

　以下、私事に亙るが、私が学生時代からその後まで、物理教室の主任として、また、教授としての先生に接した二、三を記してみたい。私は理学部の第一回の学生として入学したが、一九三四年に二回生になったとき（この年から新しく建築された理学部の建物での研究教育活動が始まった）、八木先生の講義が始まった。「応用電気学」という名称の講義であった。八木先生は前述のような主旨で設立された理学部にふさわしい講義として、いろいろ工夫されたようである。例えば、磁場中で電流が受ける力をテーマにした講義の際は、ごく簡単な二、三の原理的な講義実験の後、これがどのように工夫されて、各種の電気機械が構成されているかを、歴史的に、また、系統的に示された。毎回、話としてはたいへん面白かったけれども、ノートの取りようもなく、試験のときにはどう対処したかさだかに覚えていない。

私は卒業研究は、菊池研究室で行い、一九三六年に卒業した後しばらくして、サイクロトロンの建設に取りかかった。サイクロトロンの心臓部の一つは、高出力の高周波の発振の部分であった。当時は、ようやく海外との通信のための高出力の短波の通信所が作られたところであった。しかし、短波の高出力の発振管はわが国ではまだ十分な基礎を持っていなかった。サイクロトロンの建設に当たっては、この部分が最大のネックであると思われた。これを聞かれた八木先生は、実際に高出力の装置を用いて、海外との通信を行っている現場へ行って見学をし、これらの装置を管理している技術者からいろいろの話を聞いてくるのが、参考になると考えられ、しかるべき方面に交渉され、銚子と小山の通信所の見学の許可を取り、現場の長への紹介状を書いてくださった。サイクロトロン担当の渡瀬譲さん（後に大阪市立大学長になられた）と私と、装置の完成後その運転に従事する予定の若い技術員の三名が出張することになった。八木

## 八木先生略歴

| | |
|---|---|
| 1886 | 大阪で出生 |
| 1909 | 東京帝国大学工学部電気工学科卒業 |
| 1910 | 仙台高等工業学校教授 |
| 1913 | ヨーロッパ留学 |
| | ドイツ・ドレスデン大学バルクハウゼン教授、 |
| | 英国ロンドン大学フレミング教授に師事 |
| 1919 | 東北帝国大学工学部電気工学科教授 |
| 1924 | わが国最初の短波長電波の発生 |
| 1926 | 八木―宇田アンテナの発明 |
| 1933 | 大阪帝国大学理学部教授 |
| 1937 | 電気通信学会会長 |
| 1940 | 電気学会会長 |
| 1942 | 東京工業大学学長 |
| 1943 | 科学研究動員委員会副会長 |
| 1944 | 技術院総裁 |
| 1946 | 大阪帝国大学総長 |
| | 公職追放 |
| 1951 | 日本社会党顧問、民主社会主義連盟会長 |
| 1952 | 八木アンテナ社長 |
| 1953 | 参議院議員 |
| | 教育課程審議会会長 |
| 1955 | 武蔵大学学長 |
| 1956 | 文化勲章受章 |
| 1976 | 89歳で死去 |

先生の根回しのおかげで、両通信所とも懇切に現場を案内してくれ、また、担当の技術者がこちらの質問に詳細に答えてくれた。大いに参考にはなったが、当初より予想していたように、使用している発信管は輸入品であり、また、これが高価であることが明らかになった。見学より帰って、菊池先生と話し合った結果、大学の経費では、発信管の補充が必ずしも容易ではないことも考慮して、組み立て式の真空管を作り、真空ポンプで排気しながら使用することにした。渡瀬さんと一緒に、八木先生の部屋で、緊張しながら、出張とその後の経緯との報告をしたことを今も覚えている。

当時八木先生は五〇歳になられたところであったが、裾の周囲を除いて頭頂部がきれいに毛が無く、残っている周囲の毛を延ばして整えておられ、実に見事な風格を持っておられた。そして先生の人格と相俟って、まさに大家の風貌を備えておられた。阪大のサイクロトロンは、元東洋紡績社長の故谷口豊三郎氏が、先代の遺志によって作られた谷口工業奨励会からの寄付を原資としたものであるが、後年、谷口氏から直接聞いたが、学問的なことは全くわからないが、八木先生のお人柄を信頼して、先生の申し出の通り寄付することに決めた。ただ、サイクロトロンは、将来、医学の研究にも役立つであろうし、癌の治療に用いられる可能性もあると八木先生が言われたが、身内を癌で亡くした後であったので強い印象を受けたとのことであった。最初八万円、後に四万円追加された。当時の物価から考えて今の貨幣価値では三〜四億円になるのであろうか。

八木先生の東京工大への転出の後は、マグネトロンの発明をされた岡部金治郎先生が講座を継がれたが、岡部先生が産業科学研究所へ転出されたあとに、私がその講座を継ぐことになった。岡部先生までは電磁波の工学的な応用の最先端の研究をされていたが、私は電磁波の物理学的な利用として、磁気共鳴の研究を行った。

総長を辞任されたから数年後の先生の参議院立候補のときは、全国区であるので開票にかなりの時間を食い、その間大阪駅前の広場に選挙速報のために大きな看板が立てられ、時時刻刻の各候補者の得票が掲示された。かなり接戦であった八木先生の得票結果を大学からの帰り道に、長い間足を止めて、一喜一憂したのも懐かしい思い出である。

伊藤　順吉（いとう　じゅんきち）

大正三年兵庫県生まれ、昭和十一年大阪帝国大学理学部第一回生として卒業、昭和十一年大阪帝国大学理学部助手、昭和十四年同講師、昭和十五年同助教授、昭和二十年同教授、昭和二十一年音響科学研究所に配置転換、昭和二十六年合併により産業科学研究所に配置転換、昭和三十三年理学部に配置転換、昭和三十八年基礎工学に配置転換、昭和五十二年停年により退官、同年大阪大学名誉教授、同年甲南大学理学部教授、昭和五十三年甲南大学長（五十六年まで）、昭和五十六年甲南大学名誉教授、昭和五十六年甲南中学校高等学校校長（昭和六十三年まで）、昭和四十八年より平成十年まで甲南学園理事、平成十年同名誉理事。

著書　『原子核物理学　上・下』（共著）、共立出版、昭和二十四年
『磁気共鳴吸収・物質の電気的性質』（共著）、共立出版、昭和三十三年

# 第五代総長　今村　荒男

梅溪　昇

## 一　その生い立ち

今村荒男《あらお》は、大和の国平群《へぐり》郡東安堵《あんど》村（今の奈良県生駒郡安堵町東安堵）の代々庄屋をつとめた今村家の当主今村勤三、隣村の窪田村庄屋石田増太郎の長女ササノを両親に、その五男六女の四男として明治二十年（一八八七）十月十三日に生まれた。この今村邸の表門・茶室・母屋・米蔵・庭園などの遺構は、平成三年（一九九一）今村家より安堵町に寄贈され、町が修復・改装の整備を行い、平成五年より安堵町歴史民俗資料館として一般公開され、現在に至っている。（JR法隆寺駅下車、平端《ひらはた》駅行きバス東安堵下車、または近鉄平端駅下車、法隆寺行きバス東安堵下車）。なお、この資料館の近くに富本憲吉記念館がある。富本憲吉は昭和三十六年（一九六一）文化勲章を受章、同三十八年人間国宝となった著名な近代の陶工で、荒男とは郡山《こおりやま》中学の同級生であった。もともと今村家と富本家とはともに東安堵の旧家で親族以上の厚い信頼関係にあった。

荒男が生まれた明治二十年の秋は、今村家が苦境から脱して一陽来復のときを迎えた時であった。それはつぎの事情からである。父の勤三は、嘉永四年（一八五一）三月一日生まれ、幼年

安堵町歴史民俗資料館（旧今村邸）

のころから活発で、才に秀で、のちに天誅組の大立者として位記を贈られた伯父の今村文吾（中宮寺家の御典医兼儒者）に愛育されて和漢の学を学び、また同じく天誅組の志士伴《とも》林《ばやし》光平にも和学を教わった。やや長じて毎朝未明に起きて家より十八丁西北の法隆寺寺侍北畠治房邸の食客南熊雄に剣術を学び、それより東十八丁の小泉藩儒者花村竹外に漢籍を学び、南十八丁のわが家へ帰って父の農事や庄屋の仕事を手伝い、この間に非常に豪胆で気骨の風を身につけた（今村家「松風」）。勤三は、二〇歳のとき父を失い庄屋の役を継ぎ、間もなく廃藩置県にさいして第三大区三小区（安堵村）戸長となり、やがて明治十四年（一八八一）大阪府府会議員となった。このころ奈良県は廃されて堺県に合併となり、やがて大阪府に併合された。その間、大阪府の地方税の過重なるを憂えて、自ら率先して奈良県の再置運動に私財を投じて奔走し、同志を説得し、再三上京して内務省に請願したが、容易に奏功しなかった。ついに、勤三は、

今村勤三翁顕彰碑

大阪府府会議員を辞任し、破綻した今村家の経済を立直すために、愛媛県庁に出仕し、四国の鉄道事業に参画することで苦境を乗り越えようと、明治十八年も終り近くに松山に移住し、翌十九年春には一家を同地へ呼びよせた。この時、一三歳の長男の幸男《さちお》は唯一人残されて憲吉の祖母に預けられ、大阪の戸田塾で勉学を続けさせられている。大阪川口の波止場で家族らを見送りに来た幸男に、小さな船窓から顔を出して「身体を大事にしなさい」と別離にさいし万感をこめて諭したその母は妊娠中で、翌二十年十月に荒男が生まれたのである。やがて、その年十一月には、勤三が待ちに待った奈良県の独立が正式に認可されて、かれは奈良県知事に推薦されたが、自ら再置運動をして知事になるのは嫌だと言って辞退し、初代の県会議長になった。そのころ四国では勤三の関与した讃岐鉄道が完成し、明治二十一年には同鉄道会社の社長となったが、二十二年には讃岐鉄道会社を辞退し、一家は奈良へ帰った。家産を傾けてまで多年にわたり蒔いた種が実を結んだもので、勤三の満悦ぶりが想像されるのである。やがて明治二十三年七月の第一回選挙で衆議院議員に当選して、大隈重信の改進党員として中央政界に進出したほか、一方、奈良鉄道会社を設立して社長となり、ついで明治三十五年郡山紡績会社の社長に就くなど実業界にも活躍した。荒男の幼少期は、父勤三の前半生の苦心惨憺の時に比して華やかな時代であったといってよい。幸男はその「思い出」の中で、「父は厳格で我慢強く、至って、規律正しく几帳面な性質で、平素は無口の方であった。しかし、親しみ難い方ではなく、夕食後は子供相手に角力をとったり将棋をさしたりしてとても上機嫌であった。」といい、また父の子供教育上の意見にふれ、「僅かばかりの財産を残したとて、家は何時迄も続くものではない。財産を残す代わりに、其の金で子供を教育して置くに限る。自分は如何に生活上苦しくとも教育して甲斐ある子供は学校教育を遂げさせる方針である。……多い子供の教育には相当な学資を要したのであったが、決して辛い顔色を出されず我等を教育して下さったことは誠に有難い次第である。此の父の無形の遺産は算盤《そろばん》では計られない。この御蔭で自分初め弟等ともそれぞれに力に応じた教育を受け、世に立つことの出来たのも全く父の力である」と語っている（「松風」）。

母は勤三が一七歳のとき、一つちがいの一六歳で嫁いできた。母の実家は上記のごとく同郷の石田という旧家で、荒男はこの母についてつぎのように回顧している。

父は外へ出て働くことが多いものだから、家のことはほとんど母の手一つできりまわしておりました。母には子どもが十一人もあり、そのうち一人は伝染病で早く亡くなりましたが、あとの十人はみんな立派に成人させたんですから母の苦労はなみたいていではなかったと思います。

　父はにらみをきかしているだけで教訓がましいことはいったことがありません。ただ子どもたちに対しては「自分のことは自分の責任でやれ」という方針だったようです。だから子どもの教育はすべて母がやったわけです。一度こういうことがありました。私の次兄で中学時代からなかなか暴れん坊の奇男《くすお》というのが、学校で先生の悪口を黒板に書いたので叱られ、学校では父親に来てあやまれということです。ところが父は「それは子どもの責任だから親が出る筋合いでない」といっていこうとしません。やむを得ず母がいって話をつけてきたということです。これは、一例にすぎませんが、母は子どものことではいろいろ苦労されたことと思います。……教訓は、からだのことや、おこないについて母からいただいたことがありますが、あまりやかましくしつけるという方ではありませんでした。

　また父の仕事の関係から母も政治が好きで、新聞は一番さきに政治欄に目を通し、家に来る客人の話相手になったり、食事を出す準備をしたり、政治家の妻として多忙の日を送っていたと書いている（「母のおもい出——十人の子を育てた母——」）。

　荒男は兄たちとともに、このような父母の感化を受けて成長し、明治三十二年（一八九九）四月県立の郡山中学校に入学、この学校に五年間通学した。その同級生に上述のように親族同様の富本憲吉がいた。憲吉は安堵の自宅から片道二里近い道のりを徒歩で通うよりしかたなかったが、荒男は奈良市内から汽車通学だった。そして数え年一八歳の明治三十七年春、郡山中学を卒業し、鹿児島の第七高等学校造士館に入った。当時九州行きの船は安治川の川口から出航していて、荒男は川口まで送ってくれた母と別れを惜しんで南国へ旅立った。やがて明治四十一年七月七高を卒業した荒男は、東京帝国大学医科大学に入学した。

荒男みずからは自分が医学を志望した動機について明言したことはないようであるが、「人の為にできる限りのことをしたい」という本能を強く持っていたようである。この本能は父が郷土の人びとの為に最善を尽くし、母もそれを懸命に助けた家族環境が然らしめたということができる。そして荒男はその志望に最もふさわしい学問・職業として医学・医師を目指したといってよかろう。荒男の嗣子勤氏は、小学校高学年のころ、父から叱責された一番鮮明な記憶として子供の溺死事件を語られている。

（略）家から二百メートル程北にある池で子供が溺死した。帰宅して私の話を聞いた父は、「何故お前は走って行かなかったのか、人工呼吸の手伝い位できたかもしれないじゃないか」と私には理不尽だと思われる勢いで私を叱りつけた。私はそのとき大いに不服であったが、その後折にふれて知った父の一番よい面が表れていると思うようになった。

また、父は晩年職業欄に好んで「医師」と書き、学長を長く勤めたころ医師を紹介して欲しいと頼まれることが多くあり、「近頃は私を医者と思ってくれんようだ。」と苦笑していた。（「父を偲びて」大阪大学新聞会『北斗』創刊号、一九八〇年）。

とも語られている。荒男は若き医学生のころから生涯、医者としてのバックボーンを身につけていたのであった。

## 二　結核研究の草分け

青山胤道博士に師事、ついで伝研入り
大正元年（一九一二）十二月、東京帝国大学医科大学を卒業して医師免状をもらった荒男は、翌二年一月青山内科へ副手として入局した。同医局の主宰者青山胤道《たねみち》（安政六年〜大正六年、一八五九〜一九一七）は美濃の国苗木藩士の子で、いったん国学者平田信胤の養子となったが、まもなく平田家を去って青山姓に復した。明治十五年（一八八二）四月、二四歳で医科大学を卒業し、翌月病理学教室補助に採用され、ベルツ教授のもとに内科助手となった。翌明治十六年ベルリン大学に留学、同年二十年八月帰国。翌月より医科大学教授に就任、内科学講座を担当、外来患者診察に当った。明治三十四年九月より大正六年九月まで医科大学長。その間、明治天皇不豫《ふよ》のさいに拝診し、のち宮内省御用掛をつとめ、当時青山内科の名声は嘖嘖《さくさく》たるものがあった。

恙虫病の野外研究　大正4年8月　右から三田村篤志郎、長与又郎、今村荒男、宮川米次
（『東京大学百年史』部局史三　医科学研究所、昭和62年）

荒男は在学中から卒業後は内科学か病理学かを専攻したいと考え、青山先生の講義、とくに臨床講義には魅力を感じていたといっているから、その入局が許されたことはさぞかしわが意を得たりというところであったろう。それにしても四年間の留学中、とくに病理解剖学の研究に力を傾け、斯学の権威と仰がれたウィルヒョウ（Virchow）博士に私淑し、また内科学のライデン（Leiden）博士の臨床講義にもと

くに興味を覚え、学問的に大きな啓発を受けた青山先生の講義内容がいかに素晴らしく、荒男に「放射線」の作用をおよぼしたといえよう。ところで、荒男は、青山先生がペストに罹ったあと帰国したさい、侍従の差遣などがあったことを三面トップに大活字で報道した新聞が田舎の家の自分の部屋の押し入れの壁に張られてあったのを中学時代に見たのが先生を知る最初の機会であったと語っている。青山先生の研究実績中、ペスト研究は最も顕著であるが(Aoyama,Über die Pestepidemie in Hong-Kong in Jahre 1894.『医科大学紀要』三巻二号)、その成果のかげには、日清間に戦雲たなびき、やがて開戦となった明治二十七年（一八九四）六月中旬から八月下旬にかけてペスト大流行の現地香港に北里柴三郎博士とともに乗り込み、青山博士自ら研究の犠牲になって罹病し一時危篤と報ぜられ、ようやく九死に一生を得たという劇的な場面があったために一層精彩を放っている。当時各新聞はペストの病原発見について北里・青山両博士の偉業をたたえ、青山博士の重態や叙勲について報じていたから、おそらく荒男は父から恐ろしい流行病を危ふしとせざるは医師の本分なり、敵を恐れざる勇士に異ならずと聞くとともに、青山博士の全治・帰国記事に、「氏は北里氏と共に万死を冒して毒瘴の重囲を衝き、解剖に診断に病者に直接して、病理及び治術を按ずるの夜以って日に継ぐ。」(『東京日日』)とあったことにある種の感動にかられるところがあったかも知れない。従って、青山内科入局への荒男の希望の心底にはかかる中学生時代の思い出も働いていたと思われる。

荒男にとって、青山先生は生涯の師であり、傾倒・私淑措く能わざる偉大な存在であった。荒男はつぎのように語っている。

青山先生は外観の立派なことは言うまでもないが、それにまして内面的な偉容に嶄然頭角を表して居られた。先生は国学者の系統であり、漢籍もよく読まれたそうであるが、ウィルヒョウに私淑して居られ、人権を重んずる民主主義やキリスト教的愛の精神が先生の意欲の基調となっているように思われる。（…）先生は学生や助手の教育に熱心であったが、しかし盲目的に勉強せよなどとは一度も言われず、研究状況を聞き何か意見を話される風であった。（…）先生は研究のプロモーターとして特別の手腕をもたれたが、自らも真理の探求に熱心であった。ゴマカシの嫌いな先生だから科学的に正確を期することに熱心であった。先生は他方に直覚力に勝れられた事は有名であるが、天性にその特徴もあったろうが経験と研究によって直覚力を強められた。そう言う先生であるから検査も充分しないで誤診することを嫌われ、科学的な根拠のない事を主張する人を排斥せられた。（…）先生のものの言い方は、率直でそのものズバリで、従って掛引きは嫌いで、個人の意志を尊重する先生であった。（今村荒男「萬華鏡」熊谷謙三編『思い出の青山胤道先生』昭和三十四年）

これら荒男の青山先生像はそのまま自分の人生目標であり、かつは自警であった。荒男は青山内科医局では、高村庄太郎と二人で化学天秤の使い方や化学実験の準備を始め、毎日早朝から採血して日本人血液中の塩素の定量をはじめ、千匹余の水蛭を切ってヒルジンを製造して実験に用いたりしたが（高村庄太郎「今村荒男君」『日本医事新報』第二二五二号、昭和四十二年九月二十四日）、僅か二年居ただけで、やがて大正三年（一九一四）十一月、伝染病研究所に移り、その技手となった。これはいわゆる伝研移管問題が起こって、伝染病研究所が内務省所管から文部省に移管されたことに伴う配置換えであった。

　ところで大正四年、伝研で恙虫病研究が始まり、荒男は長与又郎博士の研究班に加わり、宮川米次、三田村篤志郎らとともに防疫のため刈りたての丸坊主となり、同年七月山形県谷地《やち》に出張し、七、八の二ヵ月は白い防毒衣に身を包んで、それまで土地の人びとが恐れて誰も近寄らなかった最上川の中州に飛び込んで草の根を分けて「赤だに」を探し、又は綱をつけた猿をつれて一時間あまりも丈《たけ》なす茫々と草の生い茂ったところを連れ回し、猿の皮膚のあちこちに食い入った恙虫らしいものを取り集めたりして動物実験をする一方、病理学、血清学的研究を進めた（高村庄太郎前掲記事）。その後も長与博士は、班員とたびたび最上川畔の有毒地に出かけたが、荒男を研究班から除外した。これは荒男によると、長与先生が同年秋に自分が結婚することになっているのを察せられたからで、自分が先生の許可を得ずに有毒地へ入ったことで先生から叱られたこともあったと言っている。このようなことがあったが、他面、荒男は伝研移管のさいに、ツベルクリン製造室を古賀玄三郎博士より引継ぎ担当し、結核の培養を試み、結核免疫方面にも興味を持ち始め、のちには仲田一信博士の結核再感染に関する動物実験による研究を指導し、同博士とポンドルフ療法の動物実験を報告した。これが荒男の結核に関する最初の仕事であった。そのころ、荒男は青山先生がコッホ治療剤（ツベルクリン）追試の結果を「東京医学会雑誌」に発表されたものを熟読している（「コッホ氏液注射試験成績」明治二十四年、同会雑誌五巻八号）。その後、狂犬病の固定毒製造室を主宰した。この間に、伝染病治療には病者の自主的免疫が重要であることを心に刻まれたと荒男は述べている。

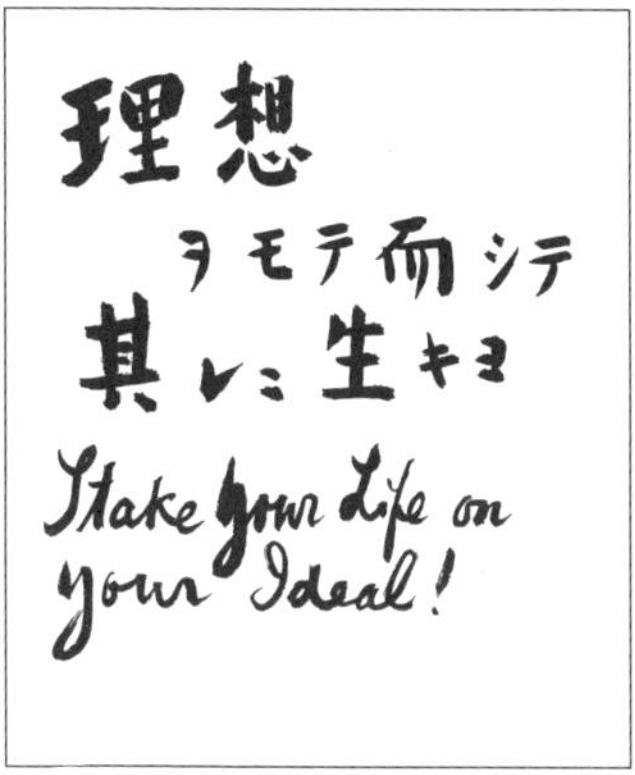
理想ヲモテ而シテ其レニ生キヨ
Stake your Life on your Ideal!

今村荒男総長の座右の銘
（今村勤氏所蔵）

荒男は大正四年秋、結婚した。妻ハルの祖父は石田英吉で、幕末土佐国安芸郡安田村の村医の長男として出生、土佐勤王党に加わり活躍し、明治に入って長崎県少参事・工部省出仕・秋田県県令などをへて故郷の高知県知事を歴任した。またハルの弟にはかの『河童駒引考』の著で有名な文化人類学者石田英一郎がいる。

やがて荒男は、翌五年秋突然喀血し、東大病院の青山内科に入院、同年十二月伝研技手を辞職した。病状の軽くなるのを待って、荒男は青山先生よりの紹介状をもらい、先生とは莫逆の友人で明治二十二年日本最初の結核サナトリウムを創設した須磨の鶴崎平三郎の療養所に入った。その時、母は荒男を迎えに東京まで出向き、須磨にも来て息子のためにみずから粥《かゆ》をたいて介抱した。荒男はこの母を憶い亡妻を偲んで、この須磨療養中に妻が母を追慕して作った歌を二首記している（前出「母のおもい出」）。

たらちねの母のたきます朝粥の
　濃くなるなべに熱さがりゆく

生きてあらば花咲く春もまたあらんと
　われ慰めてのたまいしかな

結核疫学とその予防に至大の貢献

このようにして、足かけ五年療養生活をし全治したので、大正十年（一九二一）三月再び伝研に復帰して恙虫病研究を手伝い、翌十一年七月技師に任官し、同年「狂犬病毒の試験管内培養について」と題する論文で学位を受領した。右の療養中、荒男は精神上の修養につとめ、ともすれば悲観的になり勝ちな心をとり直し、あるいは法隆寺佐伯定胤貫主の呵々大笑の一喝を受け豁然大悟し、また幸に病癒えた時は結核の研究に一生を奉げる決心をしたことを昭和三十四

竹尾結核研究所（大阪市北区[現福島区]堂島浜通３丁目）玄関にて
今村荒男博士、桑田権平夫妻、桑田氏寄贈のレントゲン車
（結核予防会大阪府支部所蔵）

年の講演でのべている（高村庄太郎前掲、小野寺直助「故今村荒男会員追悼の辞」『日本学士院紀要』二五巻三号、昭和四十二年）。すでにこのように決心していた荒男は、伝研に戻った大正十年、大阪医科大学より同大学の前身大阪府立医学長兼同病院長時代に日本で初めて肺癆科を設けた結核病学の大家である佐多愛彦博士の後任として推挙を受けたので、大阪行きを希望した。しかし、大正八年より伝研所長で、荒男に嘱目していた長与博士は賛成されず、前所長林春雄博士からは臨床家になれば多忙のため結核が再発するぞといわれたりした。そのとき大阪医科大学長楠本長三郎博士は右の事情を知って、荒男に臨床を盛んにしてくれとはいわぬ、研究をやってくれ、将来は竹尾結核研究所を主宰してほしいとの意を伝えたので、ようやく長与博士より

レントゲン自動車による集団検診（結核予防会大阪府支部所蔵）

大阪行きの許可が下り、荒男は大正十四年九月、大阪医科大学教授、肺癆科医長となった。

やがて昭和六年（一九三一）五月大阪帝国大学の創立に伴い、本学教授医学部内科学第三講座担任となり、昭和八年竹尾結核研究所長、昭和九年微生物病研究所竹尾結核研究部長、昭和十五年八月より微生物病研究所長・財団法人結核予防会結核研究所支所長を兼任した。その間、昭和二年には日本結核病学会で「結核ワクチンの予防的効力批判」と題して種々のワクチンの予防的効果を実験的に考証した。結核免疫は真の免疫ではないというので、抵抗力という学派もあったが、荒男は殺菌素を証明できないにしても菌増殖を阻止する作用があるので、増殖阻止の免疫の存在を主張し、これが実際的には病理学的にも臨床学的にもまた予防学的にも大きな意義があると考えたものである。そこで種々なる毒力菌の死菌製剤や無毒菌は生菌であっても免疫原となる力の少ないことを実験的に証明し、適度に弱毒されたいわゆるＢＣＧ（Bacillus of Calmette and Guérin）の生菌予防的効果が最も期待されると結論したのである。この結論がその後二十年間の荒男のこの方面の研究の根拠となっている。

すなわち、荒男が特に力を入れて研究したのがＢＣＧの研究で、はじめにその菌株は志賀潔博士がパスツール研究所から持ち帰ったものを手にすることができたので、その実験を大阪医大肺癆科でやりだしたものであった。昭和二年（一九二七）外国へ出かけた時、パスツール研究所のカルメット研究室へ行き、そこで勉強して、帰国してから本式にやり出したのが昭和四年であった。同年ＢＣＧを乳幼児に飲ませたが、ツベルクリンの陽転も悪いので、注射でなければならないと考えた。そこで昭和五年に初めて看護婦に皮下注射を試み、発病は二分の一あるいは三分の一に、死亡が十分の一に減って効果が認められた。

なお荒男は、これより先、昭和二年からＢＣＧを使用する前に、新入看護婦のツベルクリン反応陰性者と陽性者がどうなるかを観察して、陰性者からは陽性者よりも発病も多い結果をえている。そこで集団的にツ反応をみて経過をみはじめたもので、昭和五年から看護婦にＢＣＧ注射を試みたものである。その頃ちょうど、ドイツで七十人余りの乳児がＢＣＧを間違えて飲まされ死亡した、いわゆるリューベック事件が日本にも新聞に報じられて大騒ぎとなった。荒男は、その報道に少々困惑したが、フランスにおける人への接種試験からも、また自分自身の

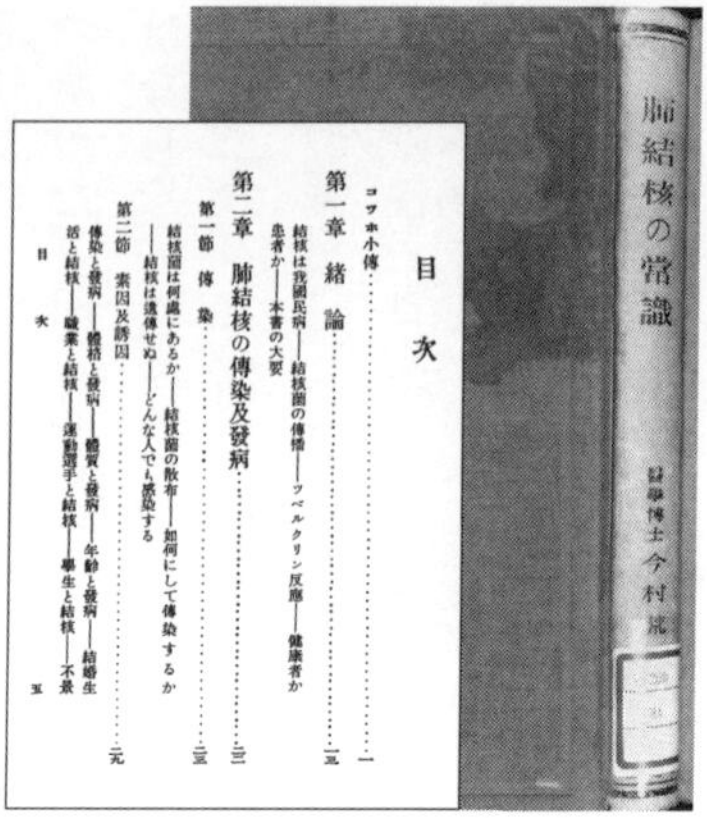


今村荒男著『肺結核の常識』　改造社、1932年
（財団法人結核予防会結核研究所所蔵）

動物実験研究からみてBCGでそんなことが起こりえないと確信し、リューベック事件は混入した有毒結核菌によるものと考え、人体にBCG皮下接種を敢行したものである。こうした荒男の努力により、昭和十一年（一九三六）にはBCG接種群には結核発病も減じ、結核死もまた大いに減少することをWHOでも認めるところになった。

かくて長与博士自ら委員長となりBCG研究班が昭和十三年に作られ、多くの学者を集めてBCG効果批判に尽力されたが、長与博士が昭和十七年他界ののちは、熊谷岱蔵博士が委員長となり、翌年結論としてBCG皮内接種を予防的に採用すべしということになり、厚生省へこれが進言され、現在の結核予防法にBCGが利用されることになった。BCGの利用や集団検診に欠くことのできないツベルクリン反応については、荒男は多数の人体実験および動物実験により、ハイエックの分類を補う新しいツベルクリン・アレルギーの分類を提唱した。また集団検診については「結核に関する集団検診」と題して第十八回日本結核病学会で報告（昭和十五年）を行ったが、ドイツ語のライヘン・ウンテルズフング（Reihenuntersuchung）を「集団検診」と邦訳した。ドイツでホーフフェルデルがX線自動車を使用しているのにならい、バス車体にX線装置をいれ、これを現場に派遣して集団検診を行うことを昭和十五年に始め、わが国の結核発病者が激減するようになった。このX線装置のある集団検診用自動車の第一号は日本最初のもので、大阪の実業家でスピンドル製造会社社長の桑田権平が、当時大阪帝国大学竹尾結核研究所（通称）内に設置されていた結核予防会結核研究所大阪支所の支所長であった荒男の希望を満たすべく寄附したのものである（前掲写真参照）。桑田権平は、幕末アイヌ人をはじめ江戸の人びとに種痘を施して有名な桑田立斎の後裔である。

昭和十七年長与博士を会頭とする第十一回日本医学会総会が開かれ、荒男は総会演説として今までの研究をまとめ「日本に於ける結核の疫学および予防」と題して講演を行っている（以上、今村荒男「私の研究」『日本医史会雑誌』第五七巻第一号、昭和四十二年一月一日）。

結核は近代化を急ぐ日本の国民病といわれ、とりわけ青壮年期の多数が命を奪われた（高杉晋作・樋口一葉・滝廉太郎・正岡子規・石川啄木など枚挙にいとまがない）。とくに明治後半の産業革命期から大正・昭和の日本に広く蔓延した。結核は明治大正期の死因の二ないし三位を占め、昭和十年から二十五年（一九五〇）までは死因のトップを占めていた。

このようなゆゆしい国民保健情勢の中で、荒男は日本における結核免疫と予防ワクチンの研究の先駆として大正末期のころより着手し、昭和四、五年に至って幾多の困難を排してわが国最初の人体接種を敢行し、遂に現在のＢＣＧ人体接種普及の基礎を築き、また集団検診を定着させるなど、亡国病といわれた日本の結核をいかに少なくするかにその全精力を傾け、結核対策の基礎作りに多大な貢献をしたのである。

これを要するに、荒男が最も情熱を傾けた結核の予防は、まさに正鵠を射たものであることが次第に明らかになってきたばかりでなく、予防は治療に優るという原則にも副っていることからも、荒男の先見性に対し深い敬意を表したい。

## 三　総長時代

第四代総長の八木秀次が、戦時中技術院総裁であった理由でＧＨＱの占領政策による教職追放令により、昭和二十一年（一九四六）十一月休職、つづいて追放・免職となったあとを受けて今村荒男が同年十二月二十八日より、昭和二十九年十二月二十八日まで二期八年にわたって第五代総長をつとめた。その時期は敗戦に伴う占領政策によってわが国の教育制度が急転回し、帝国大学から新制大学への制度改革その他の難問題が山積していた。以下、今村総長が終戦直後の悪条件のもとに本学の復興を図るために鋭意尽瘁したもののうち主なものを挙げる。

## 占領軍の大学行政への対処

昭和二十二年（一九四七）九月の国立総合大学令の公布により、翌十月一日より本学でも「帝国」の文字を消し、「大阪大学」とよぶことになった。同月十一日にはGHQの科学局長ヘンシヨウが視察のため来学。また二十四年二月十三日より数日間、黒津敏行医学部長が総長代理として上京、大学行政官協議会（GHQ主催の学校長講習会）に出席。同年三月七日にはウォルターズ、イールズ両人が来学して大学教育につき講演。つづいて六月二十三日ダイバー来学、八月三〇日CIEの大学視察団来学。さらに十二月二日イールズ、ダイバー両人が来学、医学部講堂で大阪・奈良各大学の教授、学生約百名を前に講演し、前者は共産党員を教授にすべからずと力説した（「黒津敏行日記抄」『ひぽたらむす』4、一九五九年）。

このように、GHQは屡々各地域の大学長を招集し、または教育指導担当官を派遣していろいろな指令を伝達したが、その場合、今村総長は決して単なるイエス・マンではなく、不条理な指令に対しては敢然と反撃を加えて終にこれを撤回させたこともあった由である。二度にわたって来学したイールズはGHQの民間情報教育局顧問で各地の大学でもこの種のことを講演し、いわゆるイールズの「レッド・パージ旋風」といわれたもので、イーズルは上記の十二月二日の講演後、今村阪大総長以下各教授からの、この「イールズ声明」は博士個人の意見か、総司令部の見解かとの問に対して、「大学で教えるということは単なる政治上の権利ではなく学問上の特権であり、学問の自由を外部の勢力に譲り渡した赤い教授はこの特権を失ったものであるとは私の信念であるが、演説の草稿は総司令部の承認を得ているから、総司令部の勧告と了解されたい」などと答えた（「昭和史全記録」）。今村総長は、青山先生ゆずりの学者、教育者として泰然として態度をもってこの旋風に抗して、レッド・パージを拒否し、大学の自治と学問の自由を守り抜いた（堂野前維摩郷《どうのまえいまさと》「大学における今村先生」『日本医事新報』第二二五二号、昭和四十二年六月二十四日）。

このように占領軍の圧力には激しい気迫で立ち向かった荒男であったが、一方では昭和二十五年八月十四日より九月五日の間、医学部大会堂で日米連合医学教育協議会が開かれたさい、アメリカ側出席者を総長として歓待した。荒男は昭和三十年八月二十六日より四十二年六月十三日まで約十二年間にわたって法隆寺信徒総代をつとめたが、信徒総代就任以前から百二十三代佐伯定胤（明治三十六年住職就任）・百二十四代佐伯良謙（昭和二十五年住職就任）・百二十五代間中定泉《けんちゅう》（昭和三十八年住職就任）の三管長の主治医をつとめた（聖徳宗総本山法隆寺古谷正覚師より筆者宛て平成十一年十一月二十二日付書翰）。また長兄の幸男も戦前から関西日米協会副会長のほか、法隆寺保存会委員であった。このような関係から八月二十六日には今村総長の招待でアメリカ側をまず法隆寺に案内、ホフ氏はお堂毎にお賽銭を備え、レントゲンのリブラー氏はギバの像を探すなどし、前管長の佐伯老師は全員と力強く握手され、アメリカ側を感激させ、

ついで中宮寺も案内している（前出「黒津敏行日記抄」）。今村総長が占領下において、世界最古の木造建築で今日では世界遺産に登録された法隆寺とその周辺にアメリカ側を案内して、東西文化交流の象徴である日本古代文化とその精神に触れさせようとしたところに、文化人としての見識と深慮がよくあらわれている。

昭和20年（1915）6月の大阪空襲による本学工学部（当時大阪市福島区東野田）の惨状

## 阪大振興会・阪大拡充後援会・大阪大学後援会の設立

荒男は総長就任半年後の昭和二十二年（一九四七）五月には「阪大振興会」を設立してみずから理事長となり、広く大方の援助を得るため、政・財界人の参加を求め、早速理事長名で学内外に寄附を要請した。この「阪大振興会」は戦前の昭和十八年六月、第三代眞島総長時代に人文科学系

学部の増設など本学拡充の準備の経済的基盤を固めるべく学内に設置された「大阪帝国大学振興会」を発展させたものである。当時、戦禍を蒙り工学部の施設の大半を焼失したのをはじめ、各部局とも損害を受けて研究・教育に支障をきたしている現状を復興し、さらに年来の人文科学系学部を増設して戦後の新教育体制に応ずることが緊急時であり、しかも敗戦後の国家財政では政府予算に依存できない状態にある以上余儀ない措置であった。しかし、当時の大阪財界も敗戦直後、占領政策下にあってきわめて困難な情況にあった。にもかかわらず、幹事に坂田幹太（留岡組取締役会長）・木間瀬策三（甲子園ホテル社長）、顧問に赤間文三（大阪府知事）・近藤博夫（大阪市長）はじめ杉道助（大阪商工会議所会頭）、世話人に関桂三（東洋紡績）・堀新（関西電力）・岡橋林《しげる》（住友銀行）ら財界人の尽力を得たものである。しかし、今村総長はこの「阪大振興会」の設立直後、「外部にのみ依存せず、卒業生がアルマ・マーターAlma Mater（母校）の精神を発揮し、パブリック・サービスの一部として母校のために尽くされたい。今ではまだこの振興会は振るわないが、将来は必ず立派になると思う。ハーバード大学が一億数千万ドルの基金を持っているが、阪大もかような夢を持ちたい。」（「一九四八年への希望──今村総長は語る──」『大阪大学新聞』昭和二十三年一月三十日、第三号）と語っているのを忘れてはならないであろう。

やがて、右の「阪大振興会」は、半年後の同年十二月「阪大拡充後援会」へと発展した。この「阪大拡充後援会」は、前月、杉・今村両名で案内した在阪の各界代表者による本学医学部会議室での本学振興に関する意見交換のあとをうけて、大阪商工会議所における在阪各界代表者二十名による本学拡充に関する懇親会席上、本学に法文学部設置その他拡充の実現を目的に結成されたものである。この懇談会は、当時法文学部設置その他の拡充が文部省の省議を通り、文部・大蔵両省間の交渉中であり、今村総長が右の拡充計画を促進するため在阪各界の有力者に協力を要請したものである。この「阪大拡充後援会」の会長には杉道助が就任し、昭和二十七年度中に寄付金五百万円を募集することとし、内百万円は本学関係、四百万円は財界・産業界その他一般より募金することを決め

大阪大学講堂

中之島地区に竣工した大阪大学講堂（正面）

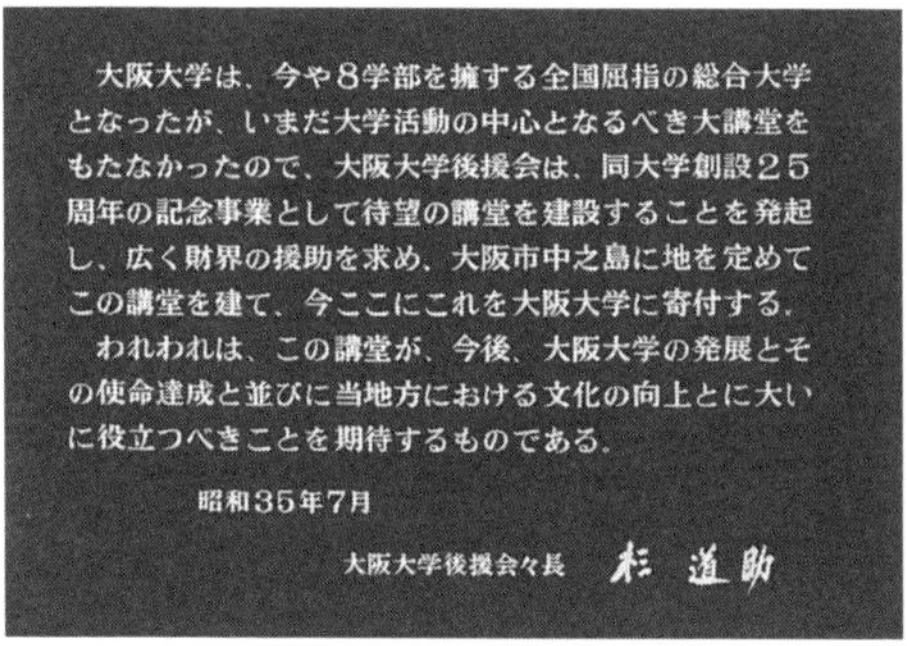
大阪大学は、今や８学部を擁する全国屈指の総合大学となったが、いまだ大学活動の中心となるべき大講堂をもたなかったので、大阪大学後援会は、同大学創設２５周年の記念事業として待望の講堂を建設することを発起し、広く財界の援助を求め、大阪市中之島に地を定めてこの講堂を建て、今ここにこれを大阪大学に寄付する。
われわれは、この講堂が、今後、大阪大学の発展とその使命達成と並びに当地方における文化の向上とに大いに役立つべきことを期待するものである。
昭和35年7月
大阪大学後援会々長　杉道助

昭和35年（1950）7月、大阪大学後援会会長杉道助氏より本学への講堂寄付の銘板

た。このような各界の協力を背景に、やがて杉会長みずから上京、文部・大蔵両省への陳情が行われた。なお、法文学部創設に当り認められた予算は七、八一一、〇〇〇円で、要求予算額一五、九九六、〇〇〇円の約四九％に過ぎず、研究・教育上の支障が予想されたので、この拡充後援会では、さらに一万円程度以上の寄附金募集を二〇数社に要請した。このように、法文学部の創設のかげには「阪大拡充後援会」の多大の支援があった。

その後、昭和二十六年（一九五一）三月、本学創立二〇周年にさいして、なお、総合大学としての本学の完成は未だ十分に整わないとして、その拡充整備と学術研究の振興に必要な援助を与えることを目的として、杉道助（大阪商工会議所会頭）・関桂三（東洋紡績株式会社会長）・岡橋林（株式会社住友銀行本社）らが中心となり、従来の「阪大拡充後援会」を発展的に解消し、新たに「大阪大学後援会」が設立され、初代会長には杉道助、同理事長に今村荒男が就任した。やがて、「大阪大学後援会」は、昭和三十一年（一九五六）の本学創立二五周年の記念事業として、昭和三十五年（一九六〇）七月、中之島地区に大講堂とその付帯施設を本学に寄付したものである（なお、本「後援会」は、平成三年（一九九一）本学創立六〇周年にさいし、財団法人化され、今日に至っている）。

以上、今村総長時代に設立された「阪大振興会」・「阪大拡充後援会」・「大阪大学後援会」は、いずれも、戦後における本学の復興と拡充のための有力な支援組織であった。このように本学が地元大阪の有識者・財界人の多大の援助・協力を得ることができたのには、荒男の長兄幸男は住友銀行常務取締役・住友信託初代頭取、次兄奇男《くすお》は日本紡績社長といずれも大阪財界の有力者で、総長がいわゆる「今村三兄弟」の一人として大阪の政・財界と関係が深かったことによるところが大きかったといえよう。

## 法文学部（旧制）の新設と懐徳堂文庫の受贈

荒男の総長時代で特記すべきは法文学部（旧制）の新設である。本学に文科系学部を設けることについては、昭和六年（一九三一）本学が総合大学として組織される当初から考えられていたが、諸種の事情からまず、医・理・工の三学部で発足し、その充実をまって文科系学部を増設する方針がとられた。第三代総長眞島利行は、昭和十八年（一九四三）一月就任直後から、懸案の文科系学部増設の準備にとりかかり、飯島幡司・江崎利一・坂田幹太・木間瀬策三・伊藤忠兵衛らの在阪有識者と協議を重ね、学内に「人文科学研究会」を設け、またみずから服部――豊津――吹田垂水神社から西行して高地へのぼり、将来の大学敷地として好適であるのを確かめたほどに熱心であった。こうした眞島の努力は、きびしい戦局下にもとより実現しなかったが、眞島は終戦直後の昭和二十年十月二十五日――総長任期満了の四ヵ月前――、大阪帝国大学評議会の名において本学に人文科学系学部設置の緊要を文部大臣に建議したのであった。

今村総長は就任直後から右の眞島総長いらいの建議の実現について鋭意計画し、早速、昭和二十二年（一九四七）五月の評議会において一九四八年度新規概算要求事項にまず法文学部の増設をあげることを決め、同年八、十一の両月みずから上京して、文部・大蔵両省などに連絡・諒解をえることにつとめる一方、使用校舎問題に関して大阪府知事（赤間文三）・大阪高等学校長（伊藤達夫）・府立浪速高等学校長（安達貞太）らとも協議を進めた。この使用校舎問題は、のちに昭和二十四年に、本学が大阪高等学校および府立浪速高等学校を同時に吸収し、一般教養部（南校・北校）となったことにより解決した。これには上野政次郎（上野製薬株式会社社会長）の自叙伝につぎの後日談がある。

私が西宮市夙川南郷町に引越してきたとき、ちょうど今村先生は私の隣に住んでおられた。（中略）今村先生については、こんな思い出がある。ある時、今村先生から「上野さんは赤間知事とじっこんの間柄と聞くが、ひとつ紹介願えないだろうか」と頼まれた。私は快くこれを承知して、早速いっしょに大阪府知事官舎に赤間さんを訪問した。

当時浪高（浪速高等学校）を阪大に吸収させるべきか、それとも府立大学へ昇格させるべきかが、府の教育界ではかなり大きな問題となっていた。これに対して阪大はぜひ浪高を吸収したいと希望するのに対し、大阪府側は府立大学にしたいと主張して互いに対立していた。

この対立のため、当時今村総長と赤間知事は犬猿ただならぬ仲であった。したがって、私が今村先生を赤間さんに引き合わせるということは、赤間さんにとっていささか困った問題であったようである。だが結局この両者の会談はうまくいって、浪高は阪大に吸収されることになった。（中略）この問題がすっきりと解決したのだから、本当によいことをしたといまでも自負している。（上野政次郎『風雪七十年』昭和四十三年）

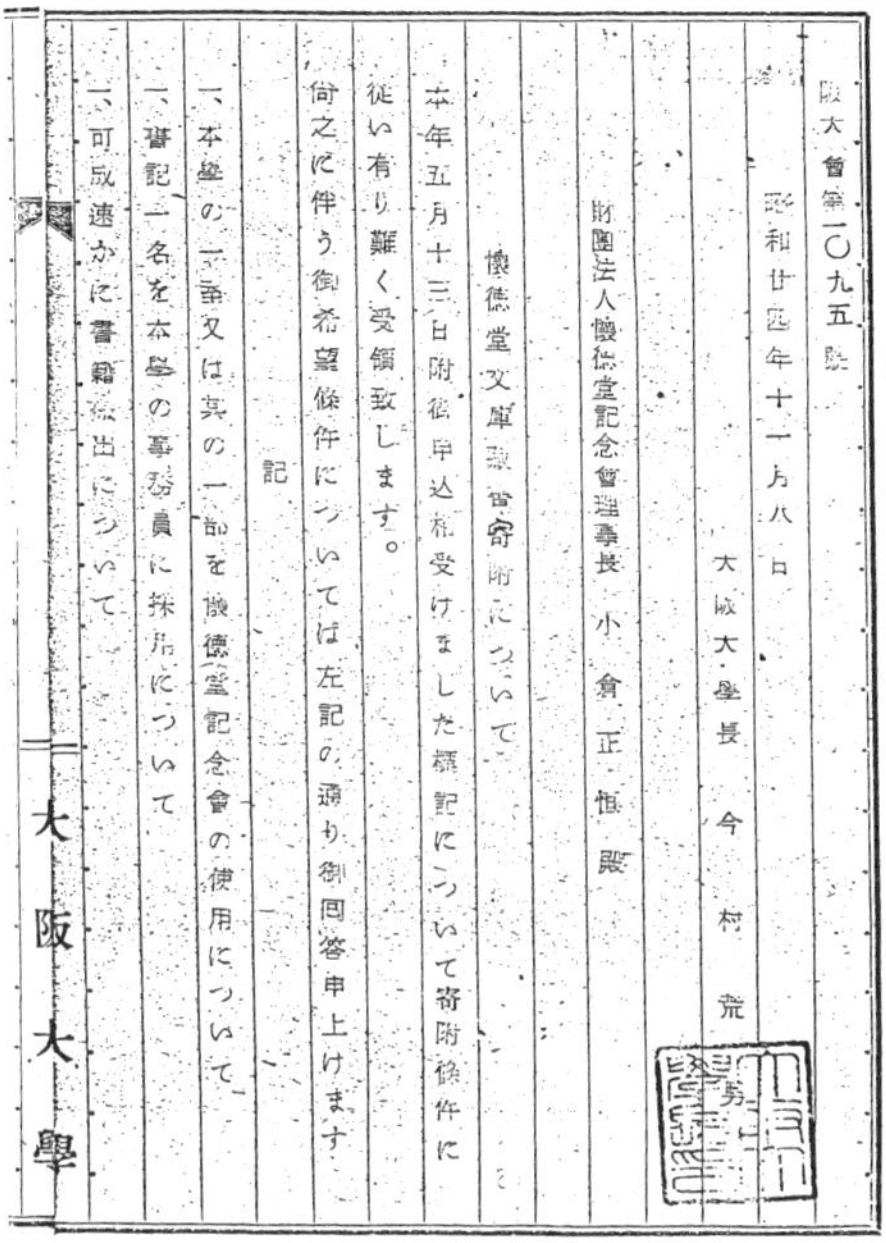
阪大會第一〇九五號
昭和廿四年十一月八日
大阪大學長　今村荒男
財團法人懷徳堂記念會理事長　小倉正恒殿
懷徳堂文庫寄附について
本年五月十三日附御申込相受けました標記について寄附條件に従い有り難く受領致します。
尙之に伴う御希望條件については左記の通り御回答申上げます。
記
一、本學の舎又は其の一部を懷徳堂記念會の使用について
一、書記一名を本學の事務員に採用について
一、可成速かに書籍出について

今村荒男総長の財団法人懐徳堂記念会小倉正恒理事長あて懐徳堂文庫寄附御申入れ受領書（昭和24年11月8日付）

ちなみに上野政次郎は、赤間が戦時中に大阪の通産局長時代から親交があり、互いによき協力者、相談相手で右の浪高問題のほかに同じ赤間知事時代に、堺市五箇荘の産業科学研究所の

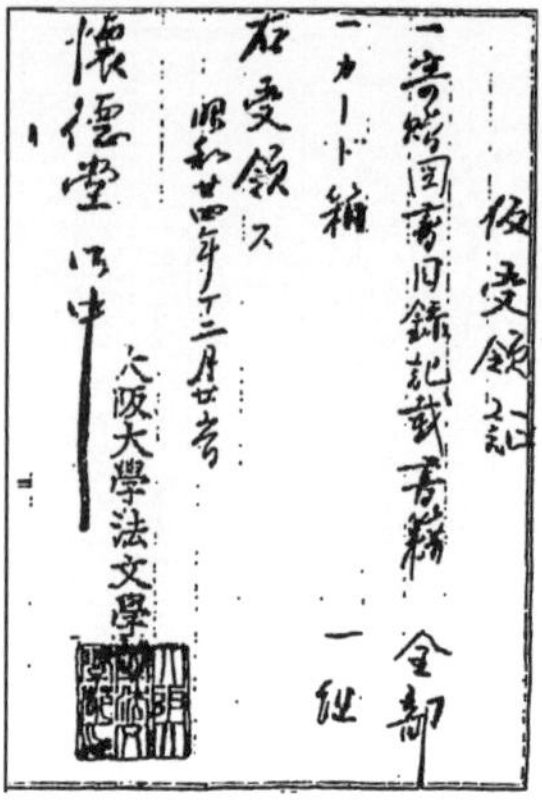
仮受領之証
一　寄贈図書目録記載書籍　全部
一　カード箱　一組
右受領ス
昭和廿四年十二月廿四日
大阪大学法文学部
懐徳堂　御中

法文学部の懐徳堂記念会あて寄贈図書などの仮受領証
（昭和24年12月24日付）

周囲の所有地が農地改革で大阪府に接収されることになり、大いに本学が困ったさい、当時の産研所長青武雄教授の依頼で同所長を大阪府へ同道し、赤間知事に面会して一瞬でこの難問題を解決に導いたことがある（前掲書）。

　荒男は、文科がよいとか、理科がよいとか言うのではなく、総長として常に大学のあり方を考え、「バランスのとれない大学はいかん」と言っていた。こうした立場から法文学部の実現には鋭意努力を傾注したもので、上述の大阪財界人の本学支援体制の樹立はその端的なあらわれで今村総長の人徳の然らしめるところであった。

　こうして今村総長時代に、本学はようやく文科系・理科系学部を擁する総合大学となった。

　なお、法文学部の設置と不可欠な関係で懐徳堂文庫の受贈があったことを忘れることができない。当時新学部設置申請にさいし、地元にある大原社会問題研究所の所属図書（大阪府が購入・保存）を本学に寄贈してもらい、また府立浪速高等学校の蔵書も本学に引き継げるよう交渉が行われたが、いずれも不調に終わった。このとき財団法人懐徳堂記念会から貴重にしてかつ膨大な懐徳堂文庫の本学への寄贈があり、これによって本学新設の法文学部の基本図書が整い、設置が支障なく進んだものである。

懐徳堂文庫の受贈の完了は、昭和二十四年（一九四九）十二月二十六日で、法文学部が学校教育法第九十八条の規定にもとづき政令で設置された昭和二十三年九月二十四日以後のことであるが、同年十月今村総長が、懐徳堂記念会理事に就任したのは、同記念会理事長小倉正恒（昭和二年いらい記念会理事長、昭和五年より住友本社総理事）が、やがて理事会の承認をえて右文庫の阪大への寄付、阪大との事業協力を行おうとした第一歩であった。思うにこれより先、両者の間には大筋の諒解がついていたもののようである。それは次に引用する今村総長の「小倉さんを思ふ」にもうかがうことができる。

私としては、小倉さんと言へば、先ず思ひ起すのは、昭和二十三年に大阪帝国大学に法文学部を設置した時のことである。当時私は大阪帝国大学の学長の職に在ったが、大阪の各方面の人士が挙ってこの新設に賛成して下さり、大学側としても鋭意準備を整へて、ようやくその緒に就かうとしていた。ところで文部省の設置基準の一つとしては、相当部数の書籍が準備されない限りは認可しない方針であった。これは固より当然のことであって、折角開学しても忽ち研究にさしつかへる様では法文学部の使命を果すことはおぼつかない。しかし戦後なほ日も浅く、荒廃の甚だしい当時にあっては極めて困難な事情にあった。その時小倉さんは、懐徳堂記念会の理事長として戦災を被った堂の運営を指導して居られたのであったが、英断を以て、焼亡を免れた懐徳堂の蔵書三萬六千冊を、挙げて大阪大学に寄附して下さった。かくして法文学部設置のことも支障なく進み、同時に懐徳堂記念会の事業の運営も、阪大文学部と協同して行ふという方針が確立するに至った。

もとより、これは、小倉さんの独断ではなく、当時の記念会の関係者と慎重審議の上でまとめられたことであるが、聞くところによれば、記念会の指導者達の間では、早くから遠く将来を見通され、何時の日にか、大阪に文科大学が設置された暁には、記念会の事業は、当然それと協同で行ふべきであらうし、蔵書等も私すべきではなかろう、といふ考えがほぼ定まっていた様である。蔵書寄付の前年に物故された記念会の顧問狩野直喜博士の如きも、早くからこのことを進言されていた由である。小倉さんはこの見通しを生かせて、時期を過《あやま》たずこれを実行されたので、私はこのことを知って、記念会の関係者達の先見と、小倉さんのすぐれた指導とに改めて敬服すると共に、阪大側に立つものとして、深くこの挙を徳としたのであった。（『懐徳』第三十三号、昭和三十七年）

このように、今村総長の時より本学と財団法人懐徳堂記念会との協力体制が出発し、今日に至っているのである。

## 適塾記念会の創立

また、適塾記念会の創立にも触れなければならない。幕末緒方洪庵が主宰し、日本の近代化のため各方面に活躍した多くの人材を育成した蘭学塾・適塾の遺構が、戦前の第二代楠本長三郎総長時代の昭和十七年（一九四二）九月、緒方家と日本生命保険会社より本学に寄付されたことはさきに述べられている。この適塾は、戦局の苛烈化に伴い、文部省の学生輔導方針にもとづき、適塾は医学部の教官と学生とが膝を交えて語り食事を共にする「阪大集会所」として用いられ、昭和二十年に入ってからの大阪の八回にのぼる大空襲にも幸い戦災を免れた。

戦後、昭和二十七年十月に入って、祖父が適塾生であった微生物病研究所教授藤野恒三郎、医学部教授黒津敏行・安田竜夫、文学部教授蔵内数太・藤直幹らが首唱して適塾顕彰のため「適塾同好会」を学内に創立する下相談が行われた。その結果、藤野教授は、今村総長が戦前から微研所長をしておられたこともあって、総長に会い「同好会というものを作りたい」と申しでたところ、総長は「ちょっとそれは待ってくれ。学外のこともあるから」と、適塾のことは三田会の人たちが大変関心をもっておられるし、一時慶應義塾へ適塾をという話もあったから、そう簡単にはいかないとの考えを示した。そのうちに文学部教授会では蔵内・藤両教授が適塾の保存を熱心に説き、会名に関しては、すでに懐徳堂記念会があるから、それに並ぶような名前がよく、そうすれば東洋と西洋と対《つい》になる適塾記念会がよいと蔵内教授が意見を述べ、文学部ではそういうことに決定して桑田芳蔵文学部長が本部事務局に伝えた。

今村総長は如上の事情もあり、慶應義塾の創立者福沢諭吉は適塾出身者である関係もあり、慶應義塾OBの大阪の財界人宮原清（大阪慶應倶楽部理事長・神島化学社長）杉道助（大阪商工会議所会頭）らの熱心な協力をえて、本学を中心として適塾の保存・顕彰をはかる組織を固める方針をとった。このように総長は学内外の事情を慎重に顧慮し、かつ「懐徳堂記念会」の存在に対応して会名を「適塾記念会」とすることを決定し、関係者の間で、同会の世話人依頼・創立趣意書の作成・会則案を準備した。やがて同年十一月五日、適塾において適塾記念会の発会式が行われた（当日今村総長は渡欧中のため、学長代理文学部長桑田芳蔵が開会の挨拶をした）。こうした今村総長の慎重な配慮のもとに創立された適塾記念会は、以後歴代総長を会長として今日ますます活発な活動をつづけている。

今村荒男博士が初代センター所長として開設された大阪府立成人病センター（大阪市東成区）

# 四　その晩年

## 成人病対策への傾倒

荒男は、昭和二十九年（一九五四年）十二月二十八日、二期にわたる総長を任期満了により辞任した。時に六七歳。これより先、昭和二十六年十月、日本学士院会員に推薦され、翌年十月にはフランス国パリにおける第七回ユネスコ総会に日本代表として出席、二十八年十月より財団法人結核予防会大阪府支部長となるなど、総長在任中にも大阪医学界の大御所として国の内外で活動していた。従って、荒男は総長を辞任しても直ちに閑地につくことができず、昭和三十一年より三カ年大阪府教育委員会委員長となった。その間、昭和三十四年一月八日の御講書始めには、「結核予防について」と題して御進講、翌三十五年十一月には大学教育の卓越した指導者として、また医学界に尽くした多大の功績により文化功労者として表彰せられ、三十七年十二月大阪市民文化賞を受け、三十九年十一月には勲一等瑞宝章を授けられた。このように荒男は多忙にして栄誉ある晩年をおくったが、その生涯について特記しなければならないのは、第一に戦前において精魂を込めた結核発病者を激減する仕事に引続き、昭和三十三年以降、大阪ガン協会理事長・大阪結核研究会理事長・大阪府立成人病センター初代所長などとして、ガン・糖尿病・高血圧などの、いわゆる成人病の研究及び対策、ならびに後進の育成を通じてその制圧に尽瘁したことである。

なお、荒男は社団法人大阪倶楽部での「成人病について」の講演（昭和三十五年四月）や、昭和三十九年二月から同四十年九月にわたり、「経済人」誌上に「医療問題あれこれ」のほか、「成人病の現段階(1)～(3)」、以後改題して「素人の為の成人病講座(4)～(13)」を筆まめに連載するなど、一般人の啓蒙にも意を注ぎ、専門医学雑誌の随筆欄や対談にも、医療問題についての所信をしばしば披瀝したことは、医学者としての社会的責務をよく果たしたというべきであろう。

荒男は、大阪府教育委員長のあと、昭和三十四年初代大阪府立成人病センター所長となったのであるが、当初はその就任をなかなか承諾しなかった。当時の事情にくわしい故吉田常雄博士の次の懐古談がある。

なにしろ今村先生は無欲恬淡な方ですし、責任感も人一倍強い方です。阪大として、医学部長を通じ就任を御願いしても、頑として承諾されず、最後には教授会の方で私（当時、阪大第一内科教授であった）に説得するようにと、お鉢がまわってきたわけです。私からの再度のお願いに対しても、先生は、なかなか首を縦に振られず、自分は結核については専門家であるが、今、話になっている成人病とやらは、自分の専門外だから責任ある地位につけないと言われるのです。そこで、私は勿論、先生の下には阪大として若手で第一級の人材を各教室から、よりすぐって出すつもりですし、また先生の補佐役としては、とくに新しい臨床検査関係にも精通された千田（信行）博士を副所長にと考えているのですがと、二時間あまりかけて御話し申し上げた結果、ようやく納得していただいたというのが真相です。

（『大阪府立成人病センター20年のあゆみ』昭和五十四年）

ここにも荒男の謙虚な人柄がよくうかがわれる。こうして一旦センター所長を引き受けた荒男が学者としての良識と責任感をもって、よく職員を薫陶して感動を与え、センターの輝かしい業績をあげるに努力したありし日の面影が、次の職員たちの思い出にもよく偲ばれる。

成人病センター内で働く職員は、先生がよく濃い茶色のやわらかい上靴をはかれてステッキを片手に、スーっと部屋に入ってこられ、「どうかね君」と温和な笑顔を見せられたときの、あの胸のシビレるような感じをいつも思い出すでしょう。そして、しばらくその部屋に腰をおろされ、成人病のこと、研究の進み方などよく歓談されましたが、そのとき、憲法第二五条などよく歓談されました。「患者は医師を選ぶ権利がある。君たちは選ばれる医師にならなければいけない。物をつきつめて見るのだよ、それでこそ良い医療ができるのだよ君」と吾々を激励されました。（『大阪府立成人病センター10周年記念誌』昭和四十四年）

## 憲法第二五条問題

右の職員談の中に出る、「憲法第二五条」問題というのは、荒男の昭和三十年代よりの持論であり、おそらく今回発足した衆参両院の憲法調査会の行き方や狙いとは異なる、医学者ないし医療の立場からの注目すべき発言であるので是非触れておきたい。

荒男は次のように言う。

「日本国憲法」（一九四六年公布）第三章（国民の権利及義務）の第二五条（生存権、国の生存

権保障義務）には、「（一）すべての国民は健康で文化的な最低限度の生活を営む権利を有する。（二）国はすべての生活部面について社会福祉、社会保障及び公衆衛生の向上及び増進に努めなければならない。」と記されているが、（一）が、もしすべて国民は健康な生活と文化的な最低限度の生活を営む権利を有するとの意味であるとすれば、それは到達あるいは実現の出来ない事であるから、その字句に就いては検討を要すべきものである。人間には老病死は必ず起こり得るから健康な生活を営む権利は空念仏にとどまるものである。最低限度は健康にも文化的生活にも関係するものとすれば、最低限度の健康な生活とはどういうものか医学的にはアイマイである。日本国憲法は米国の某州の憲法を原案としてつくられたとの噂もある。勿論その真偽は論外であるが、日本国憲法の英訳がある。この英訳が日本国の公の英訳か否か知らぬが、第二五条は、Article 25. All people shall have the right to maintain the minimum standards of wholesome and cultured living.と記されている。これを邦訳すれば「すべて国民は健康的及び文化的生活の最低標準を維持する権利を有する」である。wholesome は healthy と意味がちがうなどの詮索をやめて、とりあえず健康と訳すれば、健康な生活の最低標準を維持する権利と言う事は、健康な生活を営むための最低標準を維持する権利であって、邦文（憲法本文――筆者註）の最低限度の健康な生活を営む権利

今村荒男総長の座右の銘
「知寿用」について一応文献を渉猟したが、とくに典故は見出せなかった。「寿用を知る」とは、長寿であることが人の為に役立つということがわかる、あるいはそうしたことを知る必要があるという意味であろうと憶測する。

とは差異がある。たとえ最低限度であっても、人間には健康な生活を無制限に営む権利をもつ事は不可能である。このように考えると、邦文の第二五条の字句よりも英訳の方が妥当な言い方と思われる。国連の人権宣言（一九四八年）の第二五条には、「(一) 人はすべて自己および自己の家族の健康と福祉とを保つに十分な生活水準を維持する権利を有する。其の中には、衣食住、医療および必要な社会厚生施設が含まれる。人はすべて、失業、疾病、不具、配偶者の喪失、老齢、又は不可抗力によって生活の道を失った場合に保障を受ける権利を有する。」と記されている。ここでは日本の憲法第二五条のように、健康な生活を営む権利とは言わず、健康を保つに十分な生活水準を維持する権利と言っている。

憲法の表現について、英米の法学者と独逸の法学者には意見の差があって、前者は大まかな目標を示せばよいとし、後者は明確に言い表わそうとするそうである。その是非などは素人の私など分かりにくい。またそれを詮索する考えなど毛頭ないが、自然科学者にはアイマイな表現や実現不可能な目標とする事を好まれない。しかし、大切な事は理想とする目標である。第二五条は字句の問題は別として、国民がＷＨＯ憲章（一九五一年）の前文が「到達しうる最高基準の健康を享有することは……万人の有する基本的権利の一である」と言うように、到達しうる最高基準の健康を享有する事を目標とするものと解したい。（中略）いずれにしても、人間の健康を出来るだけ保全するという事は、すべての国家の大いに努力すべき事である。しかし、我国の現状を省みる時に、多くの点に於いて其の努力が十分でないと思う。

（「憲法と健康保全」正・続、『日本医事新報』No.一九九七・二〇一九・昭和三十七、三十八年）

このように、荒男は、現行憲法第二五条の字句をよく検討する必要を説くとともに、人権宣言第二五条ないし、ＷＨＯ憲章前文のごとく、もっと高い理想とする目標をかかげて国が努力しなければならないことを訴えたものである。筆者は、医学者にして、このように憲法第二五条について発言した人が荒男のほかにいたかどうかは知らない。しかし、荒男が国民の健康保全に関する国や地方公共団体の一層の努力を進めるために憲法問題にこのような深い関心を抱き、成人病センターの職員などにも説いていたことを多くの人々に知っていただきたいと思う。

ちなみに、荒男の指摘した「健康で文化的な最低限度」について、手元にある六法全書には、

華岡青洲（1760～1835）

緒方洪庵（1810～1863）

これは「抽象的・相対的概念であり、その具体的内容は文化の発達、国民経済の進展その他多数の不確定要素を総合考量してはじめて決定できるものであるから、その認定判断は、裁量権の限界を超えた場合等のほかは、厚生大臣の裁量権にまかされている」と朝日事件の最高裁判所大法廷判例を掲げている。筆者は法学とは縁のない素人であるから、このような憲法解釈やその判例の論議に立ち入らないが、いやしくも憲法問題である以上、以上のような荒男の積極な提言こそ傾聴すべきものと思うものである。

## 華岡青洲・緒方洪庵の顕彰および趣味

第二に特記しておかなければならないのは、荒男が日本医学会会頭（昭和三十四年三月就任）として昭和三十八年（一九六三）四月、大阪において日本人医学者三三、〇〇〇人のほかに外国から約七〇人の第一級の医学者を招聘して、わが国未曽有の盛大なる第一六回日本医学会総会を開催し、内外の来会者を賛嘆させたことである。それもそのはずで、この医学会総会は、医学会独自の学術展示会のほかに、大阪にゆかりのある日本医学界の二人の先覚者、華岡青洲と緒方洪庵の偉業を顕彰する展覧会や講演会を同時に開催して内外の来会者をしてその業績をよく認識せしめるとともに、また一般市民にも広く開放して日本の医学史の輝しい足跡を知らしめるに大いに役立ったからである。

まず、華岡青洲展が医聖華岡青洲先生顕彰会と朝日新聞社の主催、第一六回日本医学総会・日本医史学会関西支部・日本麻酔学会・日本外科学会・和歌山県医師会・大阪府医師会の協賛で、四月二日より七日まで心斎橋大丸で開催された。青洲（宝暦十～天保六、一七六〇～一八三五）の主たる活動地は、その生地である紀伊国那賀郡上名手村大字西野山村字平山、現在の和歌山県那賀郡那賀町であるが、二三歳京都に学び、のち長崎に遊学する以前の若いころにすでに父の二代随賢のもとで医を修業していた。その父はさらに大阪へ出て南蛮流外科医として有名であった岩永蕃玄に師事し、とくに瘍科をよくしていたから青洲は大阪の医学とゆかりがあった。この青洲展には、華岡家の子孫の方々が貴重な史料を多く提供され、「朝鮮アサガオから近代麻酔まで――麻酔展――華岡青洲をしのんで」と題して、その発達史が見事に解説された。医学会総会全員が、――今村会頭が友人富本憲吉氏に依頼した――「まんだらげの花」の図案のバッジを胸につけて、中野操博士稿の伝記を参照して参観した。入場者数は七万人もあったとのことである。青洲の名とその独創的業績をはじめて知った人も多く、大いに啓蒙的効果があった。

蛋白質合成の研究者アメリカのザメクニック博士は、この度の学会に招かれて、最大の発見は青洲の業績であると語ったという。展覧会場には、武田薬工の京都薬草園で作られた、開花している朝鮮アサガオの実物が置かれていた。

次に、適塾記念会と第一六回日本医学会総会共催、毎日新聞社後援のもとに「緒方洪庵没後一〇〇年記念講演会」が、同年三月三十一日午後、新毎日会館の毎日国際サロンにおいて開かれた。阪大総長赤堀四郎適塾記念会長の開会の辞についで、今村会頭が洪庵の学徳をたたえたのち、以下の講演が行われた。

「町人文化の伝統」（阪大文学部教授藤直幹）

「医学者としての緒方洪庵」（日本医史学会関西支部長中野操）

「教育者としての緒方洪庵」（日本学士院会員小泉信三）

当日小泉信三博士は不快のため出席されなかったが、原稿を藤野恒三郎博士（阪大微生物病研究所教授）が代読した。

そのあと、映画「洪庵と一〇〇〇人の若者たち」を封切り上映し、来会者五〇〇名に感動を与えた。一方において、大阪市・大阪市教育委員会主催、第一六回日本医学会総会・適塾記念会・日本医史学会関西支部・大阪府医師会がともに協賛団体となり、毎日新聞社後援のもとに、三月十六日より四月十日まで大阪城内の大阪市立博物館で「緒方洪庵展」が開かれた。緒方家をはじめ全国から、洪庵およびその関係者の史料があつめられて、洪庵展としてははじめての盛大なものとなった。この洪庵展は日本医史学会関西支部の中野操・宗田一・長門谷洋治・藤

握手する今村会頭（右）とユルムサー博士（パリ大学名誉教授）
（大阪大学医学部史料室所蔵アルバムより）

野恒三郎の各氏が企画され、展覧資料解説書として『緒方洪庵――一〇〇年忌記念――』が刊行され、見事な編集ぶりで今なお貴重である。この展覧会の入場者総数は、三万余でいかに反響が大であったかがわかる。また、このとき、緒方家所蔵の洪庵の「扶氏医戒之略」が、緒方家の諒解のもと、武田長兵衛氏からの御寄附を出版費の一部にあて、適塾記念会長赤堀阪大総長と第一六日本医学会総会今村会頭との協力で複製刊行された。今村会頭は、「緒方洪庵先生の扶氏医戒之略」と題した小冊子に、次のごとく記している。

　第一六回日本医学会総会が大阪で開催されますに当りまして、この地方に関係に深い先哲の

偉業を顕彰することになり、華岡青洲先生と緒方洪庵先生を中心にそれぞれの展覧会が関係機関と協力してひらかれることになりました。ちょうど今年は洪庵先生没後一〇〇年に当り、適塾記念会では洪庵先生の「扶氏医戒之略」複製刊行が企てられましたので第一六回日本医学総会もこれに協力し、時代を認識した洪庵先生の思想の普及につとめたいと考え、学会の記念品として関係者に贈呈することに致しました。富本憲吉氏により図案化された「マンダラゲ（チョウセンアサガオ）」の花をこの学会のシンボルとしましたが、これは全身麻酔のもとで大手術をはじめて行われた華岡青洲先生の独創性にちなんだものでありますし、「扶氏医戒之略」こそは偉大な医学者、教育者であられた緒方洪庵先生の人格と思想の現れであります。ともに第一六回日本医学会総会の記念品として大きな意義をもつと考えます。どうか第一六回日本医学会総会の学術記録とともに座右におかれて、精神的な糧とされることを望んでやみません。

昭和三十八年三月三十一日

以上の華岡青洲展、緒方洪庵展及び洪庵没後一〇〇年記念講演会の開催の成功には、もとより総会関係者その他日本医史学会関西支部の関係者や和歌山医大・京大・奈良医大の各関係者の企画や協力があったのは当然であるが、やはり今村会頭が総会を有意義ならしめようと方策

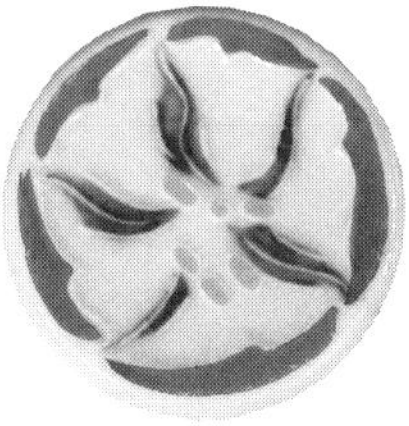
（表）

（裏）

第16回日本医学会総会バッチ

を考え、「先哲顕彰」を最高方針とし、医学会総会を単に医学者のみの学会に終らしめず、広く国民の医学的啓蒙および内外人の文化交流を図ろうとする文化性豊かな会頭としての抱負が実を結んだものといえよう。会頭招待会では、文楽人形浄瑠璃のほか、エクスカーションに出席した多数の内外人を法隆寺や東大寺・春日大社など奈良地方に案内して日本文化の粋に触れさせ、とくに外国人学者を感嘆させたものである。

　ちなみに、本医学会総会のシンボルマークの作者富本憲吉氏は、総会開催のころ大阪府立成人病センターに再入院中であったが、六月八日死去、六月十五日安堵の生家で告別式が行われ、荒男が葬儀委員長をつとめた。遺書に「墓不要、残された作品をわが墓と思われたし」とあった。このシンボルマークの写真をここにも掲げて、近代陶芸の巨匠富本憲吉氏が中学時代からの親友で同郷の荒男の頼みにこたえた友情のあかしであり、かつ氏が精魂をこめた絶品を偲びたいと思う。

　なお、この富本氏作の「まんだらげの花」のデザインには逸話があって、このデザインに「医」の文字を加えたものが、和歌山県立

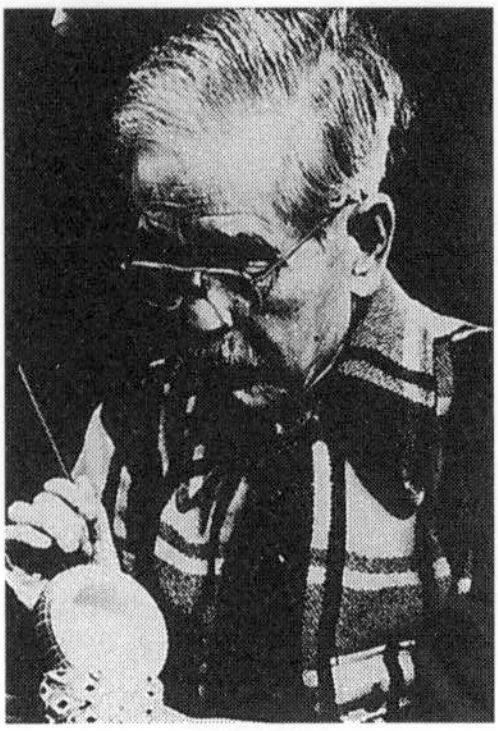
富本憲吉先生
(昭和32年頃)

医科大学（初代学長は古武弥四郎）のマークとなり、のちに正式に校章となったことである。その由来は、当初（昭和三十九～四十年ごろ）、和歌山医科大学の学生自治会の諸君の間から和歌山に由緒深い「まんだらげ」のデザインが医学会総会で使用されたのを知って新しい学生章とし、大学祭の旗印としても掲げたいとの希望が起こり、学生自治会役員の一人であった川浪正君と同僚の馬場宏一君らがその衝に当たった。たまたま馬場君の叔父が当時微研の奥野良臣教授であったところから、その希望が奥野教授から総会の準備副委員長の堀三津夫教授に伝えられ、堀教授から今村会頭に総会時に使用した図案使用の認可を願ったところ、会頭は即座に「学生が使うのならよいだろう」と快諾を与えた。荒男が将棋や碁を愛したことについてはあとで触れるが、駒や石の運びの早いのが特色で、このような事務処理にも将棋や碁の場合と同様に先見性と決断力をもって迅速・適確に即決したのであった。かくてこのことが直ちに学生らに伝えられ、学生らは喜んでみずから「医」を加えてマークに仕上げ、大学祭などに使用したのであった。その後昭和六十二年（一九八七）になって校章の制定等が同医科大学教授会の議題となり、現在用いられているマークのできた経緯などを検討した結果、このマークは大学の内外を問わず、すでにシンボルマーク的に用いられており、今日これを変更する積極的理由はないとして正式の校章となったものである（『和歌山医科大学記念誌』川浪正手記）。

今村荒男は、公私にきわめて多忙な生活を送り、八〇歳までよく健康が保たれたのには、囲碁という楽しみと逃げ場があったからではないかという人がいる（小野寺直助前掲記事、「故今村荒男会員追悼の辞」）。

令嗣勤氏によると、

勝負事は大好きで、将棋・碁・マージャンから花札に到るまで、父と遊んだ記憶は今も猶新しい。何といってもよくやったのは将棋である。子供の頃の三歩から始めて平手になったのが中学生の頃であったろうか。ともかく早い将棋で一日一〇局位は茶飯事で、勝負より好手が出ると機嫌が好くなる愉快な将棋であった。わいわい言いながらの賑やかなもので、家庭将棋では「待った」も結構した。

法隆寺西院の手水社《てみずしゃ》前にて
今村会頭と令嬢、中央は間中定泉管長（昭和38．4．6）

会頭招待による総会のエクスカーション（昭和38.4.6）

また碁についても、

南郷町の二階にいた時には殆んど毎晩のように夕食がすむと「どうや一局やろうか」、松ヶ丘町に移ってからも「何をしてるんや、閑やったら一局やりにこないか」と幾分遠慮ぎみに電話がかかって来たものである。碁は田中晋輔・故中原益次郎・故菊池正士・赤堀四郎・小松醇郎等の諸先生がおみえになっていた（前掲「父を偲びて」）。

と記されている。

しばしば対局した奥野良臣《よしおみ》名誉教授も「今村先生の碁は文学的と云うか音楽的と云うか一つのリズムがあり、石の運びは餅搗きの様にペッタンペッタンと速いこと、ついこちらも調子を合わせてペッタンペッタンやっている中に気がついた頃にはどうにもならない形勢になっていると云った按配で、つい先生のペースに引摺り込まれるのです。一局一五分位のスピード碁は珍しくなく、碁会の総当たりのリーグ戦でも（中略）こちらがやっと一局か二局終った時に、先生は七～八番も済ませて『君、もう一局やろうか』と云って二回目に廻って来られることになります。それでいていつも結構成績が良いのですから大したものです。早見えするし、思い切りもよく、大局に明るいと云えましょう。三先生（谷口・今村・赤堀の三先生）は大体似た碁力（ほぼ同時に昇段され、今村・赤堀両先生は五段）ながら、正直のところ今村先生が一番強いのではないかと思います」と語られている（「故谷口、今村、赤堀先生との対局」（『大阪大学医学部学友会ニュース』第一九・二〇合併号昭和四十年）。さきの小野寺直助氏も「今村君の碁は如何にもその人柄を現わして上品であり、胡麻化しが無く、待ったがなかった。素人棋客として最高の本因坊五段の免状を採られている。今やこの玲瓏玉の如き君と一局を楽しむことが出来ません。悲しい事であります」と追悼の言葉を結んでいる。今村荒男先生は、昭和四十二年（一九六七）六月十三日、八〇歳で洪庵先生のいわれた「道のため、人のため、世のため」に捧げた輝かしいみずからの生涯をとじられた。

『囲碁新潮』1976年7月号の表紙を飾った今村総長

（梅溪　昇・うめたに　のぼる　プロフィールは21頁参照）

# 第六代総長　正田建次郎

永尾　汎

# 一　はじめに

昭和二十九年（一九五四）から昭和三十五年までの六年間、本学の総長を務められた正田建次郎先生は、昭和五十二年（一九七七）三月二十日奥様や友人の方たちと足利へ観梅に行かれ、梅の花の下で昼食をとられた後、突然心臓の発作に襲われて、当地の赤十字病院で七五年の生涯を閉じられた。ときに先生は武蔵学園学園長をはじめ多くの要職を兼ねてご活躍中であり、このご急逝は先生を知るすべての人に強い衝撃を与えた。

同年五月に基礎工学部で先生の追悼講演会が催されたが、その時の赤堀四郎先生のご講演がきっかけとなって、正田先生がいろいろな機会に書かれた随筆と、生前先生と親しかった人達の思い出をまとめた『正田建次郎先生―エッセイと思い出』（新興出版啓林館、昭和五十三年、五九三頁）が出版された。この本を参考にしながら先生の足跡を辿ることにするが、心も体も人一倍大きかった先生のお人柄を少しでも伝えることができれば幸いである。

（注）上記の本の出版後、先生と最も縁の深かった理学部と基礎工学部の間に植えさせて貰った「正田

建次郎先生・記念の梅」は、早春になると毎年白い花を咲かせて人の目を楽しませている。

この本を引用するときは、先生の随筆は「エッセイ」とし、その他は「思い出」とする。

# 二　学問への目覚め

## 高木先生との出会い

正田先生は明治三十五年（一九〇二）群馬県の館林で、日清製粉株式会社の創始者である正田貞一郎氏の次男としてお生まれになり、間もなく東京に移られてそこで少年期を過ごされた。

東京府立第四中学校（現在の都立戸山高校の前身）から名古屋の第八高等学校に進まれて、大正十一年（一九二二）東京帝国大学理学部数学科に入学された。そのとき先生は

記念の梅の石碑

高木先生の肖像

「実業界を嫌って学究の道を選び」（「エッセイ」二四六頁）、家業は弟さんの英三郎氏に譲るというご父君の了解を得られたと聞いている。東大では「類体論」の研究で、当時すでに世界的に著名であった高木貞治先生に師事された。

高木先生からは一年の「代数学」に続いて二年で「代数及び整数論」の講義を聞かれ、そこで初めて先生の終生の研究テーマとなる「群論」に接する機会を得られた。これらの講義ノートは先生がわざわざ製本して大切に保存され、時折取り出して当時を思い出すよすがとされてきたものであるが、現在は数学教室の図書室に大事に保管されている。

大学卒業後の一年間は大学院に在学され、高木先生の指導によりフロベニウスの論文を読んで群の表現論の勉強をされた。当時それらの論文の掲載されたベルリン学士院記事は動物学教室にしかなくて、そのため昼は動物学教室に通って論文を筆写し、夜それを家で読むという毎日を送ったと私たちによく話しておられた。

正田先生は小学校、中学校を通じて数学は得意なほうであったが、本当に数学を勉強したいと思い、数学から離れられなくなったのは大学で高木先生の講義を聞いてからで、高木先生から受けるすべてに引きつけられて先生に師事する決心をしたと往時を回顧されている。また

「恥をしのんで」と断って述べられているところによれば、八高時代はテニスばかりして余り勉強しなかった。そこで大学に入ってみると周囲は微分積分の達人ばかりで、唯一の救いは高木先生の代数の講義であった。というのは当時（旧制）高校では代数らしい代数は殆どやっていなかったので、それに関しては皆と同じ所から出発できたということであった。

このようにして高木先生という偉大な数学者に出会われたことは、先生の最初の幸運であったと後に語っておられるが、次に述べるネーターの場合と同様に、受けられた影響は数学だけでなく、先生の人間としての生き方そのものにまで及んだように思われる。

高木先生の講義ノート

### ネーターとの出会い

正田先生は大正十五年（一九二六）から約三年半ドイツに留学され、最初の一年間はベルリン大学でフロベニウスの高弟シューアの「表現論」の講義を聞かれた。シューアからは高木の弟子を預かっているという態度で、親切に研究上の注意などもしてもらったが、時には余り信用され過ぎて困ったこともあったとのことである。

この講義からヒントを得て可換な行列に関する美しい定理を発見され、このことは先生にとって一人で新しい事実を発見するという初めての経験であり、終生思い出深いものとなった。

その翌年、シューアの紹介状をもってゲッチンゲン大学の女性数学者エミー・ネーターの門をたたかれたことが、数学者としての先生のその後を決定づけたといえる。

ネーター先生

当時のゲッチンゲンは世界の数学の中心で、ネーターのもとでは新しい代数学の理論である「多元数と表現論」が創られつつある時期であり、各国から若い数学者が彼女のまわりに集まってきていた。少々騒がしいが有能なこれらの俊英たちは、後にネーター・ボーイズと呼ばれるようになるが、正田先生もその中の一人であった。

正田先生が出席された講義は、まさにこの生まれつつある新しい理論を主題とするものであり、それは先生にとって最大の幸運であったと後に述懐しておられる。講義そのものは後で発表された論文のようにきれいに整備されたものではなく、時には講義が中断されて質問や議論が飛び交い、そのことによって理論が透明になるということもあったが、新しい理論が創られていく過程を聞くものにじかに体験させるようなもので、先生に強い影響を与えた。

「月沈原」と題する「エッセイ」（二〇八—二二二頁）の中で先生は、大学で高木先生の講義を聞いて以来、東大大学院とそれに続くベルリン大学での各一年間、むさぼるように群論の勉強をし、その翌年ゲッチンゲン大学で抽象代数学の洗礼を受けたと述べておられる。

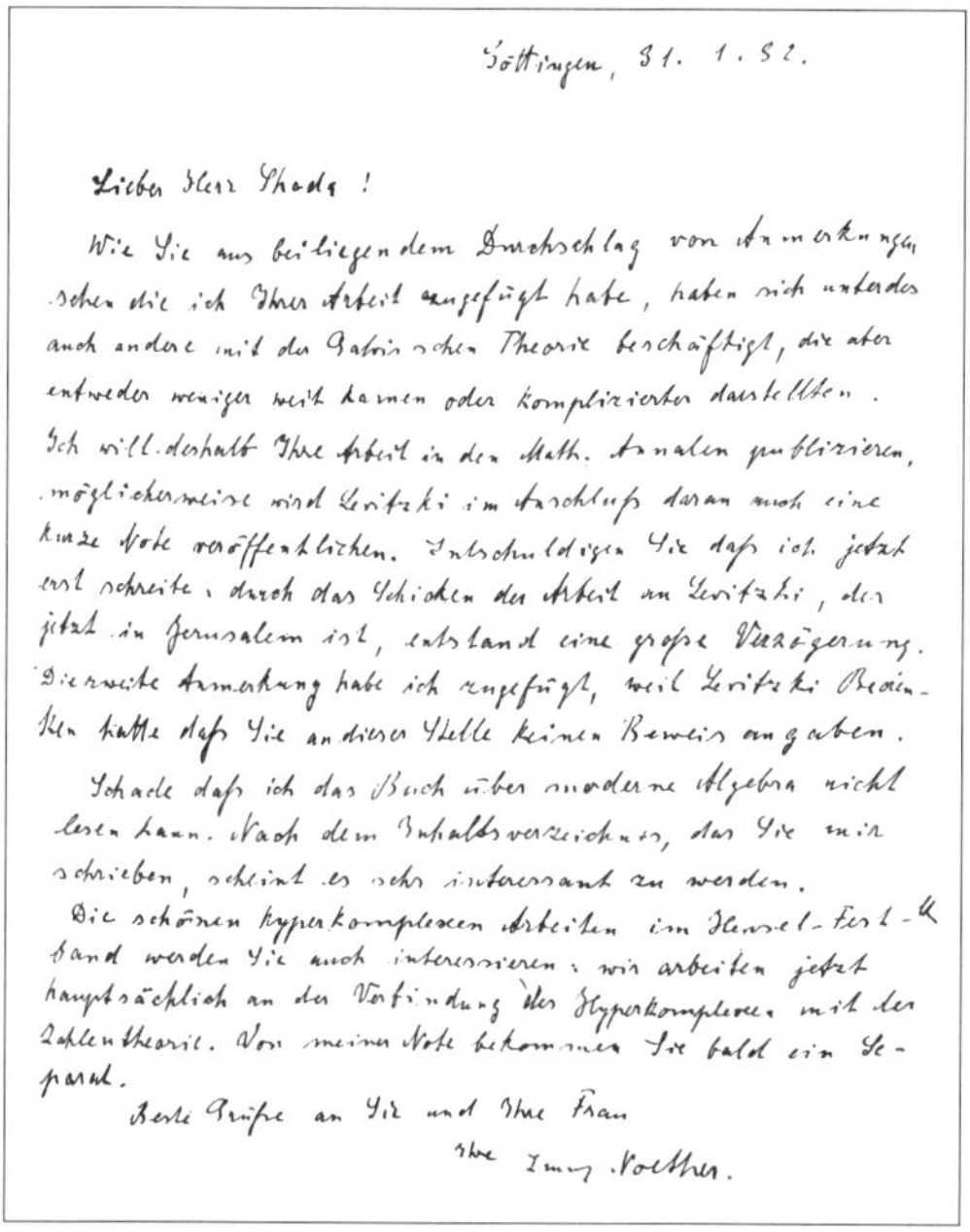
Göttingen, 31. 1. 32.

Lieber Herr Shoda!

Wie Sie aus beiliegendem Durchschlag von Anmerkungen sehen, die ich Ihrer Arbeit zugefügt habe, haben sich unterdes auch andere mit der Galoisschen Theorie beschäftigt, die aber entweder weniger weit kamen oder komplizierter darstellten. Ich will deshalb Ihre Arbeit in den Math. Annalen publizieren, möglicherweise wird Levitzki im Anschluss daran noch eine kurze Note veröffentlichen. Entschuldigen Sie dass ich jetzt erst schreibe; durch das Schicken der Arbeit an Levitzki, der jetzt in Jerusalem ist, entstand eine grosse Verzögerung. Die zweite Anmerkung habe ich zugefügt, weil Levitzki Bedenken hatte dass Sie an dieser Stelle keinen Beweis angaben.

Schade dass ich das Buch über moderne Algebra nicht lesen kann. Nach dem Inhaltsverzeichnis, das Sie mir schrieben, scheint es sehr interessant zu werden.

Die schönen hyperkomplexen Arbeiten im Hensel-Festband werden Sie auch interessieren; wir arbeiten jetzt hauptsächlich an der Verbindung der Hyperkomplexen mit der Zahlentheorie. Von meiner Note bekommen Sie bald ein Separat.

Beste Grüße an Sie und Ihre Frau
Ihre Emmy Noether.

ネーターからの最後の手紙　「エッセイ」p.238

またディックという人の書いた『ネーターの生涯』という本の邦語訳（東京書籍、昭和五十一年）が出版されたとき、訳者（東京女子大時代の先生の教え子）から請われて書かれた「エミー・ネーターの思い出」という文章の中では、ご自身の青春時代を懐かしげに回顧されながら、ネーターのもとでいかにして学問の道に目覚めていったかを、先生にしては珍しく情熱的に語っておられる。その中の一節を引用すると、「私がネーターに直接師事したのはたったの一カ年

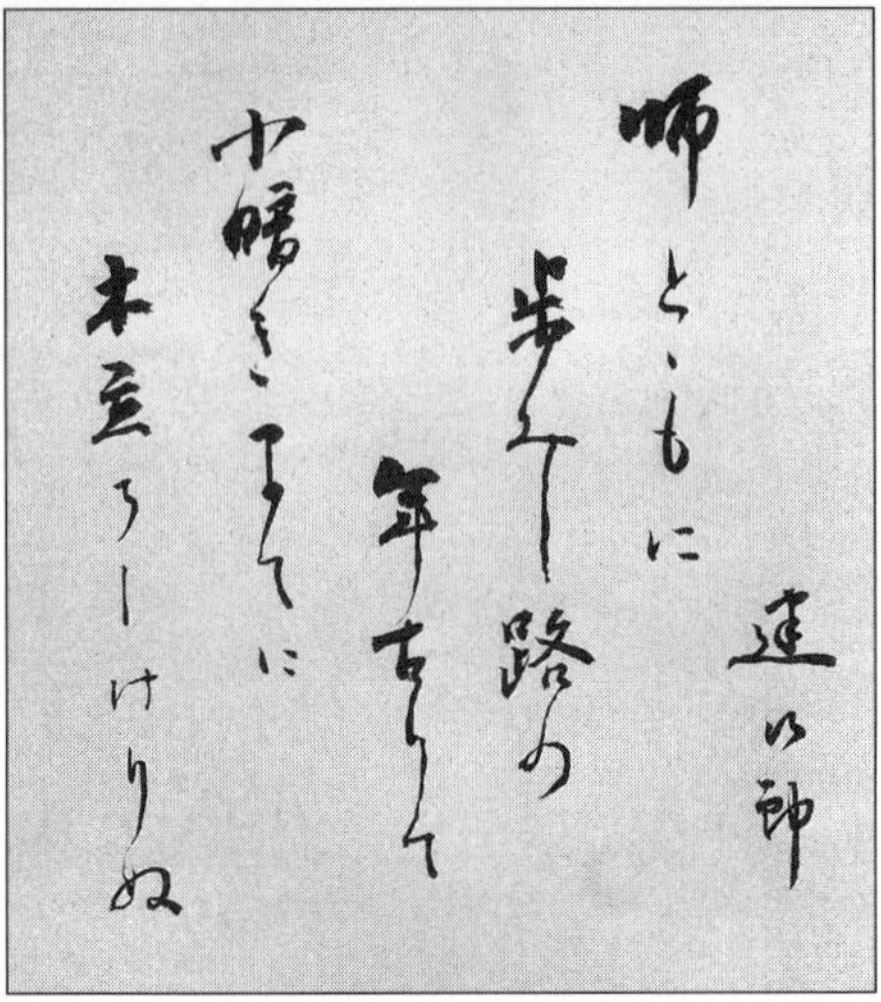

「師とともに」色紙

師とともに歩みし路の年古りて
小暗きまでに木立ちしげりぬ

だけだったが、その一カ年が私の研究の将来を決定したといってもよいであろう。それ程ネーターから受けた影響は大きかった。そしてそれは数学一筋の研究態度と後進に対する指導力、そして自分が数学的業績を挙げることよりも、数学自身の進歩を純粋に願っていることにより、彼女の周辺に張っていた学問的雰囲気によるものだと思う。」

そしてこの文章は、戦後ゲッチンゲンを訪ねられ、かってネーターから数学の話を聞きながらしばしば通われた道を辿って詠まれた次のような歌で結ばれている。

先生はご自身の師として高木先生とネーターには特別な敬愛の情を抱いておられ、そのことは常々私たちに語ってこられたお話や、また先生の教授室の机にはいつもお二人の写真が飾られていたことから察することができる。

先生は昭和四年（一九二九）ドイツから帰国された後「抽象代数学」の執筆にかかられ、昭和七年（一九三二）に出版されたこの本は、完全にネーターの精神のもとに書かれたものであって、わが国の代数学の研究と教育を一新させるほどの影響を与えた。事実この本の出版を契機としてわが国の近代代数学の研究が始まり、やがて国際的に活躍する一流の代数学者が輩出することになった。また、数学者以外でも例えば物理学の伏見康治、内山龍雄両先生や経済学の安井琢磨先生などから、この本で抽象数学を学んだと聞いたことがある。

## 三　阪大理学部創設の頃

阪大理学部は昭和八年（一九三三）に最初の新入生を迎えて出発したが、その年に教授に就任された先生は三一歳の若さであった。先生にとってこれが大学における初めての職であり、職歴が「教授」だけという人を私は他に知らない。

創設当時の理学部は若さと活気に溢れており、そのような中で自由で創意を尊ぶ理学部の伝統的気風が醸しだされたが、正田先生は絶えずその中心的存在であった。この気風を「本質的なことだけに力を注ぐことがまかり通る空気」と表現した人もいる。

また、夜になると堂島にあったバーによく集まる若手教授のグループが自然にできて、これをOUC（Osaka University Club の略）とよんでいたと、当時のよき時代を赤堀四郎、仁田勇両先生とも「思い出」の中で懐かしんでおられる。このバーでは正田先生は「社長さん」とよばれていた。

当時数学教室の代数関係では浅野啓三、中山正の両先生が東大を出てすぐ助手でこられ、また大嶋勝（第一回卒業生）、高橋陸男（第三回卒業生）などの優秀な学生に恵まれてセミナーにも活気があったが、先生ご自身も群論と多元環論に関する論文をさかんに発表されていた。そしてセミナーが終わると、淀屋橋のガスビルにあった「学士クラブ」によく若い人たちを連れてでかけられ、玉突きをしたり食事をしたりして遊んでおられた。

大阪市北区中之島にあった旧理学部玄関

後に「あの頃はよく遊びもしたが勉強もよくして、最も充実した時代であった」と、たびたび私たちに語っておられた。また これと関連して常々私たちに教えられたことは、事務的な仕事は勉強の邪魔になるが、遊ぶことは決してマイナスにならないということであった。というのは、事務的な仕事は一つ片づけると一仕事済ませた気分になって、さらに勉強しようという気には中々ならないが、遊んだ後は勉強しなければという意欲が自然に湧いてくるものだということであった。

## 四　数学教室の疎開

私は戦争中の昭和十八年（一九四三）に阪大に入学したが、その年の暮れごろから戦況は次第に日本に不利となり、図書と教官、学生の安全のため翌年十一月数学教室の大部分は彦根城の近くにあった当時の彦根工専（元彦根高商、現在の滋賀大学経済学部）の建物の一部を借りて疎開した。そしてその翌年の夏には、さらに近くの豊郷《とよさと》村の小学校に移り、しばらくしてそこで終戦を迎えた。

「思い出」には私の同級生であった古屋一男さんの日記が収録されていて、その頃の学生生活を知る上で貴重である。また友人の一人は「飢えと寒さと地震と空襲」という言葉の中に甘く懐かしい思い出を感じると書き記しているが、このような悪条件にも関わらず先生も学生も同じ小さな町に住んで数学の勉強に励んでいた当時の状況は、正田先生にとって若き日のゲッチンゲン時代を想起させるものあったのではないかと思われる。

特に豊郷では先生が借りておられた公会堂のような建物の二階でセミナーをやり、それが終わると一階の先生のお宅のほうに降りてお茶を頂きながらいろいろな話を伺った。例えばネーターからの最後の手紙や、中山正先生が東大の学生時代に「抽象代数学」を読まれて、正田先生に送られた質問や問題の解決の報告などおびただしい数の手紙を見せて頂いたのもこのようなときであった。これらのことは当時正田先生のもとで学んだ人たちにとって、いつまでも忘れることのできないものとなった。

彦根城

旧彦根高商の校舎

先生は戦後マスプロ化した日本の教育のさまざまな問題と関連して、当時の寺子屋教育のような雰囲気を特に貴重なものと感じておられたようで、晩年いろいろな機会にそのことを話しておられたと聞いている。

## 五　戦後と総長時代

正田先生は昭和十六年（一九四一）頃から群とか環といった具体的な代数系の理論の統一と、その本質の解明をめざして「一般代数系」の理論の構築に力を注がれ、そこで導入された自由代数などの概念は、記号論理学におけるモデル理論の先駆としても寄与している。先生はこれらの業績により昭和二十四年（一九四九）に学士院賞を、また昭和四十四年（一九六九）には文化勲章を受けられた。

戦後、数学教室が中之島に帰ってしばらくの間、先生は研究のかたわら私たちとピンポン、野球、テニスなどのスポーツも楽しんでおられたが、そのような平和な時期はそう長くは続かなかった。

昭和二十四年（一九四九）から四年と三カ月、理学部長として新制度のもとでの理学部ならびに大学院理学研究科の基礎作りに尽力され、生物学科の新設やサイクロトロンの再建などを実現された。また湯川秀樹先生が本理学部に在任中にされたお仕事で、昭和二十四年（一九四九）

ノーベル賞を受けられた際には、それを記念して理学部に湯川記念室と湯川奨学会を設けられた。特に若い研究者の交流を目的としたこの奨学会は、奥貫一男先生も「思い出」（四二六―四二八頁）の中で書いておられるように、他大学を訪れる旅費もままならなかった当時画期的なことで、多くの若い研究者を育て、戦後わが国の理学の進展に果たした役割は計り知れないものがある。

文化勲章受章時のご夫妻

昭和28年頃の正田研のメンバー（旧理学部屋上にて）

先生が学部長に三選されたときは、自分の学者としての生命を絶つつもりかとひどく怒られ、わずか三カ月で辞任されたと聞いているが、皮肉なことに事態は先生が望まれたようには進まないで、その年昭和二十九年（一九五四）の暮れに総長に選出されること

昭和30年頃の正田ゼミのメンバー

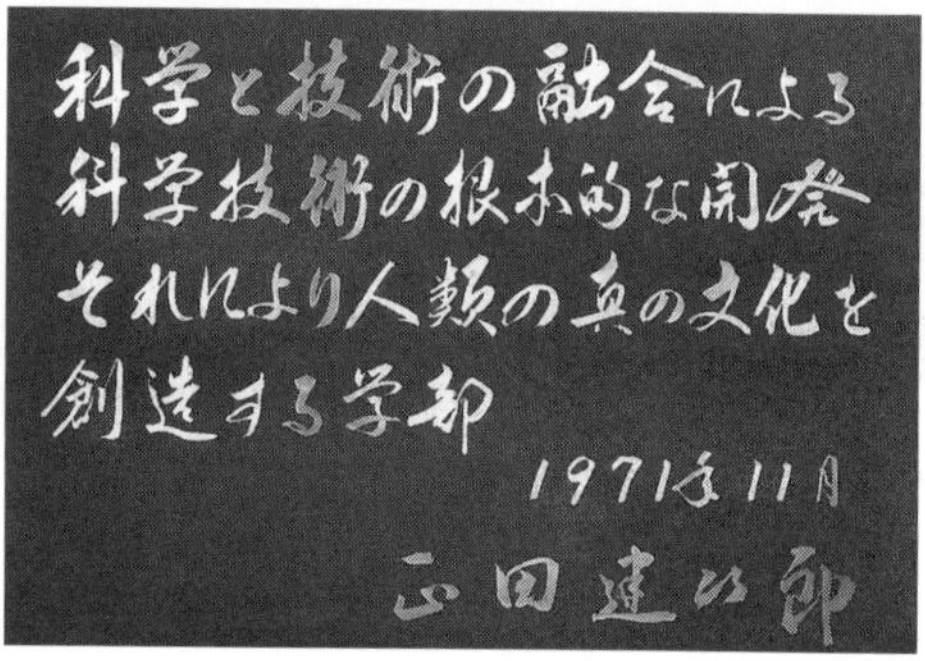
科学と技術の融合による
科学技術の根本的な開発
それにより人類の真の文化を
創造する学部
1971年11月
正田建次郎

基礎工学部玄関に掲示されている理念

になった。そのとき五二歳という異例の若さで、しかも当時珍しかった理科系の大学総長ということで、ニュースなどでも大きく取り上げられて話題になった。

総長の任期については当時も四年であったが、再選された場合は二年とし、通算六年を越えて在任できないと定められたのは先生の総長時代であった。

先生は総長在任中に薬学部や蛋白質研究所などを創設され、阪大の飛躍的発展に貢献されたが、他の大学が当時の社会的要請にこたえて既存の理科系学部の拡充に力を入れているとき、人真似の嫌いな先生の考え方(「エッセイ」二八七頁)から、科学と技術の融合により真の文化を創造する学部という新しい理念のもとに「基礎工学部」の設立を構想された意義は大きい。

そして総長をご退任後一年間東京女子大学で数学を教えられたが、基礎工学部が誕生するや初代の学部長として阪大に帰ってこられた。大学の総長を一度退任、退官した後、再び一教授として同じ大学に復学する例はほとんどなく、これも異例のことであった。基礎工学部設立に関わる話は赤堀四郎、永宮健夫両先生などの「想い出」に詳しく述べられている。

# 六　おわりに

先生は口数の多いほうではなかったが、先生の温かく豊かなお人柄は多くの人の心を引きつけ、その交遊は広い範囲に及んでいる。そして先生のまわりに集まる人たちは、皆不思議と心のきれいな人ばかりであった。邪心をもっては近寄りがたい雰囲気が先生にはあったように思われる。先生は晩年陶芸を楽しんでおられたが、その作品は皆おおらかで、先生の人間味が滲み出ているように感じられるものである。

人に求めることは少なく、与えることのみ多かった先生に、もっと長生きして頂きたかった

第6代総長　正田建次郎

陶芸製作中の写真

陶芸作品（銘夢）

という思いが今なお消え去らないのは私だけではないであろう。

永尾　汎（ながお　ひろし）

大正十四年広島県生まれ、昭和二十一年大阪帝国大学理学部数学科卒、同年大阪大学大学院特別研修生、同二十六年大阪大学理学部講師、同二十八年大阪市立大学理工学部助教授、同三十八年大阪市立大学理学部教授、同四十三年大阪大学理学部教授、同六十年大阪大学理学部長、同六十三年大阪大学名誉教授、同年帝塚山大学教養学部教授、平成三—五年帝塚山学園学園長。その間トロント大学客員研究員、ミシガン大学客員講師、カルフォルニア工科大学客員教授、国立台湾大学客員教授を勤める。

著書　『群論』共著、岩波書店、昭和四十年
　　　『群論の基礎』朝倉書店、昭和四十二年
　　　『群とデザイン』岩波書店、昭和四十九年
　　　『代数学』朝倉書店、昭和五十八年
　　　『有限群の表現』共著、裳華房、昭和六十二年　など。

第七代総長

赤堀　四郎

池中　徳治

## 一　その生い立ち――向学の道・苦学時代

明治三十三年（一九〇〇）十月二十日、赤堀四郎は、当時、佐倉小学校（現、静岡県浜岡町佐倉）の校長であった父赤堀秀雄、母しのの四男として、静岡県小笠郡千浜村（現、大東町）に生まれた。秀雄は四郎が生まれた翌年、千浜小学校の校長に転任し、大正六年（一九一七）に退職するまで栄転は固く断って、小学校教育のみならず、村の女子のために裁縫専修学校や、男子の農業補修学校の設立にも尽力し、その校長を兼務、地元の小学校と青年の教育に生涯を捧げ、昭和二十年（一九四五）一月、七九歳で永眠した。大正七年、教え子と地元の人たちにより建てられた同氏の功績を讃えた頌徳碑が、今も千浜小学校の校庭に現存する。母しのは八人の子供を育てながら、野良仕事や養蚕に働きづめの毎日であった。しかし頑健な体の持ち主で、白寿（九九歳）の長寿を保ち、昭和四十四年（一九六九）、四郎の芦屋市の自宅で生涯を閉じた。

四郎は小学校の高学年になると、よく母の養蚕の手伝いをした。明治の終わりから大正にかけて生糸はわが国の最大の輸出品で、外貨獲得に重要な役割を占めていたので、四郎の郷里でも養蚕は盛んに行われた。当時の農村では現金収入の手段は限られていたので養蚕は有力な現金収入源であったであろう。四郎の母方の祖父、赤堀八郎太はなかなかの篤農家で村に養蚕を導入したのもこの人だといわれている。母はこの父から養蚕の技術を習得して、秀雄に嫁いでから養蚕を始めたのであろう。蚕が繭を作る繁忙期には徹夜の連続であったようである。四郎の上の兄二人は家を離れ進学していて、三男は早く亡くなっていたので、母の手伝いをするのは四郎一人であった。

四郎の一生に決定的な影響を及ぼしたのは恩師の眞島利行（第三代大阪大学総長）との出会いであるが、化学への道を進むチャンスを与えてくれたのは、四郎の叔父沖卯太郎である。沖卯太郎は父秀雄の妹しゅんの夫で、千浜村の近くの門屋村（現、浜岡町）の出身である。明治三十一年、政府が煙草の専売制度を実施し職員を募集した際、これに応じて受験、合格して専売局の役人になった人である。四郎が尋常小学校を卒業し高等小学校に進んだ年、叔父が迎えにきて初めて東京の地を踏んだ。大正二年（一九一三）のことである。上京した翌

千浜小学校にある赤堀秀雄の頌徳碑前の赤堀四郎先生（大東町教育委員会『赤堀四郎先生伝』より）

日、叔父の紹介で大蔵省の給仕に採用されたが、当時の大蔵省は東京・大手町にあったので、神田美土代町の叔父の家から歩いて一五分ぐらいの距離であった。勤務場所は大蔵省主税局関税課で、待遇は日給一二銭五厘であった。ちなみに当時の白米一キログラムの値段は一七銭位でそれより安かったということになる。給仕仲間の多くは東京下町そだちのいわゆる江戸っ子で、遠州の片田舎から出てきたばかりの四郎は、相手の言う東京弁がよく聞き取れず電話の取り次ぎも満足にできなかったので、情けなく悔しい思いをした。しかし一年後叔父の計らいで専売局の化学分析室の給仕に転勤した。分析室の上役には化学者が多く、それまでの所とは雰囲気も違って、比較的楽しく勤めることができた。四郎が化学に親しみを覚えたのは、この分析室の好印象が影響したのだろうと四郎自身が回想している。

昼間は給仕をしながら、夜間は神田錦町にあった錦城中学の夜学に通った。そのころ、正規の昼間中学校は五年制で、夜間中学は逆に四年で中学の全教程をこなすという制度であるから勉強は厳しかった。叔父夫婦は親切で一家を挙げて四郎を可愛がった。叔母しゅんは毎日おにぎりを作って待っており、四郎は勤めの帰りに玄関で立ったままおにぎりを頬張って、一〇分ほどの近くの夜学へ出かける毎日であった。雨が降ると五歳年上の叔父の一人娘の満寿《ます》が傘を持って迎えにきてくれた。叔父も実の息子のように四郎をかわいがり、暇なときには囲碁の手ほどきを受けたという。囲碁を嗜み囲碁を通じて多くの人と親しくなれたのは叔父のお陰であると四郎は回顧している。二年生の年の暮、叔父が「来春に昼間部の四年の編入試験に合格すれば、昼間中学校に通う学費をだそう」と言ってくれた。四郎は飛び上がるほどうれしかったが、ようやく中学二年生の課程を終わりかけたところなのに、後三カ月で中学三年の全課程を独学で勉強して試験に合格せねばならないと考えると思わずたじろく気持ちだったが、この機会を逃がすわけにはいかないので、夜もろくろく眠らず勉強し、そのかいあって昼間の私立錦城中学四年生になることができた。正規の中学校を卒業できて叔父の期待に背かぬように頑張ったこともあって、叔父が四郎を見込んで更に上級学校への進学を援助することを約束してくれた。

四郎は、次兄昇が他家の養子になり、京都の医学専門学校で勉強していたこともあって医学にあこがれ、医専に進学したいと叔父に相談したが、医者になるには修業年限も長く学費もかかるので、医学と関係の深い薬学専門学校を出て薬剤師になることを勧められ、千葉医学専門学校の薬学科（現千葉大学薬学部）を受験して合格した。大正七年（一九一八）のことである。

## 二　眞島利行との出会いと東北帝国大学時代

千葉医学専門学校薬学科で学んだ三年間（昭和七～十年）は、ちょうど第一次世界大戦が終わって戦後恐慌が襲った時期であり、物価高騰のため史上有名な米騒動が全国的に広がり、その鎮圧に軍隊が出動するという社会不安が高まった時期であったが、四郎は静岡県人会で経営する静修寮に入寮し、叔父の援助と、後に育英資金の給付も受け、質素であるが平穏な学生生活を送ることができた。

四郎の千葉医専薬学科時代の忘れがたい思いでの一つは、同級生の中国人の友人、張徳周が卒業の時、惜別の記念として「雪埋梅花　不能埋香」（雪、梅花を埋むるも、香を埋むる能わず）という句を色紙に書いて贈ってくれたことである。この言葉は張氏自身の言葉かあるいは古人が残した言葉か分からないが、四郎の座右の銘となった。雪の降り積もった野に立って、香りをたよりに花を探す人の心になってみると、それは、わずかな現象の片鱗をたどって、未知の真理を尋ねる化学者の心に通ずるものがあると、また自分では誠意をもって一生懸命やったつもりでも他人がその努力を認めてくれないという場合がしばしばあるが、そんなときにこの言葉を思い出すと、心の中に頭をもたげてくる不平不満を吹き払ってくれると、四郎自身述べている。

大正十年（一九二一）に千葉医学専門学校薬学科を卒業した四郎は、大阪に本社のある製薬会社「桃谷順天館」に就職した。仕事は大阪ではなく、当時、東京帝国大学理学部化学科の講師で、同社の嘱託をしていた西沢勇志智の研究助手として東大理学部化学教室の地下室で西沢のトリモチの研究の手助けをすることだった。

千葉医専の学生のころ
（大東町教育委員会『赤堀四郎先生伝』より）

当時の東京帝大の理学部化学科は伝統的に物理化学が強く、有機化学は東北帝国大学理学部の眞島利行の研究室が日本の有機化学研究のメッカといわれていた。西沢もトリモチの研究については従来から眞島の指導を仰いでいたが、四郎が研究を手伝うようになった年の夏、二カ月ほど西沢と四郎は有機化学の研究法を学ぶため、東北帝大理学部の眞島研究室に内地留学をすることになった。これが四郎が生涯の師と仰ぐ眞島利行との出会いであった。眞島研究室の雰囲気は、四郎にこの研究室で化学を本格的に学びたいという強い願望を抱かせるほど刺激的であった。

東北帝国大学への内地留学が終わり、東京に帰った四郎は眞島研究室で有機化学を勉強したいという気持ちでいっぱいであった。そのような気持ちを察した西沢は「東北帝大は専門学校卒業生でも正規入学ができるから同大学に入学して化学を勉強したらどうか」と勧めた。当時の東北帝大理学部化学科の入試科目は化学、物理学、語学（英語とドイツ語）だった。語学と化学は薬専で習っていたが、薬専で授業科目になかった物理学と、物理学を理解するのに必要な微積分学を、当時牛込にあった東京物理学校（現、東京理科大学の前身）の夜学に入って勉強し、努力のかいあって翌年（大正十一年）東北帝国大学理学部化学科に合格した。入学試験は受かったが、勤務先である「桃谷順天館」を辞めると学費のあてもないので、入学を断念すると父に報告したところ、帝大入学を喜んだ父は借金をしてでも学費を調達すると、入学金と最初の授業料を送ってきたが、四郎は一家を犠牲にし

雪埋梅花不能埋香
昭和六十二年十月
八十八才　赤堀四郎
座右の銘の色紙

雪埋梅花　不能埋香

この言葉は、大正十年、私が、千葉医学専門学校薬学科（今の千葉大学薬学部の前身）を卒業したとき、同級生の中国人の友人、帳徳周君が、措別の記念に色紙に書いてくれた言葉です。

これが、帳君自身の言葉であるか、あるいは、古人が残した言葉であるかは知りませんが、ともかくそれ以来、私の好きな言葉であります。

雪の降りつもった野に立って、香りをたよりに花を探す人の心になってみると、それは、わずかな現象の片鱗をたどって、未知の真理をたずねる科学者の心に通ずるものがあります。

この美しい言葉をくれた帳君には、戦前に大阪でいちど会っただけで、その後、まったく消息がわかりません。

この度、私の米寿を祝って頂くに当たりまして、この言葉を色紙にしたためました。ささやかな御礼をと考え、なれない筆を持ちました。

先日、亡き妻、和子の一周忌と埋骨を済ませましたが、生前、和子が日本画を描きました折りに、用いておりました朱印を一つ押しました。私と亡き妻共々、記念としてお納め頂ければ幸いでございます。

昭和六十二年十一月

赤堀四郎

米寿記念に贈った色紙に添えられた文書

てまで進学できないと決心し始めていた。しかし天は四郎を見捨てなかった。四郎が錦城中学で化学を習った高山義太郎という先生がいたが、彼は東京帝大化学科の大学院学生で、池田菊苗研究室でアミノ酸を研究していて、時々西沢の研究室にもきて四郎に声をかけてくれていた。高山は味の素株式会社の創立者である鈴木三郎助の親戚で、後に味の素株式会社の研究課長になった人である。西沢はこの人を通じて味の素会社に四郎の学費の援助を打診したところ、専務取締役であった鈴木忠治が、会社から四郎の学費を援助することを承諾してくれ、学部三年間のみならず、引き続いて大学院五年間の学費の援助も行った。叔父の沖卯太郎、西沢勇志智、高山義太郎と鈴木忠治の四人は四郎を学問の世界に送り出した恩人である。

大正十四年（一九二五）大学を卒業した四郎は、大学院に進み眞島研究室で有機化学の研究を目指した。彼は千葉医専薬学科の三年生の時、英国で出版された『植物化学最近の進歩』を読み、ノーベル賞を受賞した化学者ロバート・ロビンソンがエクゴニンという物質を、高い温度や強い酸・アルカリ等を用いず、植物体内で光合成が行われるのと同じ生理的条件下で合成する方法を発見したことを知り、自分もこのような生合成のメカニズムをまねて貴重な物質や色素などを合成したいと思っていた。

大学院でのテーマとして、これまで学費を援助してくれた味の素株式会社に少しでも役に立ちたいと言う気持から、アミノ酸関係の仕事を選びたいと思ったが、適当なテーマを見つけることができなかった四郎に眞島利行から与えられたテーマが「醤油の香気成分の研究」であった。大豆と麦あるいは米を蒸して麹を加えて発酵によりできる醤油に含まれる非常に多くの微量な香気成分を一つひとつ取り出して同定するのは、分析機器の発達していない当時としては大変な仕事であった。上等な醤油二〇〇リットルを材料とし香気成分を抽出する事から研究を始める一方、発酵化学の勉強を始めた。当時、仙台には発酵化学の専門の先生はおらず、日本語の文献も少なかったが、ドイツ語の発酵化学の本を読むうち、発酵化学、酵素化学が素晴らしく面白い学問であるように思え出した。香気成分のひとつとして取り出し同定したのが、硫黄を含んだアルコールの一種であるメチオノールであった。このメチオノールの発酵中間体である硫黄を含んだアルデヒド、メチオナールが醤油の香気成分であると見当を付け、これを合成すると非常に醤油に近い香りがした。しかし本物の醤油のにおいは非常に複雑で、合成したものが醤油に近い香りはしても、発酵により作られるあの芳純な香気には今一歩不足していた。その後多くの人々により研究がなされ、現在では百種類以上の香気成分が見い出されている。この研究は四郎がこれ以降化学者として研究していける自信を得た思い出深い研究であり、晩年まで昨日のことのようにはっきりと記憶に残っていると述べている。

五年間、東北帝大大学院に在学し、昭和五年（一九三〇）三月理学部講師に任命され、翌昭和六年十二月「イミダゾール誘導体に関する研究」で理学博士の学位を授与された。四郎が結婚したのは同年十一月で、眞島の紹介によるものであった。相手は東京女子高等師範学校（現お茶の水大学）の習字の教官をしていた岡田起作の九女で和子といい、眞島の姪に当たる。結婚式は東京で挙げ、媒酌人は四郎が錦城中学で化学を習い、当時東北帝大の教授になっていた富永斉夫妻である。岡田起作は習字の先生であったが漢学者でもあり、その上数学にも独創的な才能を持ち、また洋楽の愛好者という多彩な才能の持ち主であった。当時ピアノの置いてある家庭は希であったが、岡田はヤマハのアップライト型ピアノ（製造番号が五でヤマハがピアノを製作を始めたばかりの時代の製品である）を購入し、娘達にピアノを習わせていた。和子は末娘で幼時からピアノに親しみ女学校卒業後、上野の東京音楽学校（現、東京芸術大学）の選科で二年間ピアノを専攻している。このピアノは第二次世界大戦後、使用に耐えなくなり新品と買い換えられた。結婚式の翌年（昭和六年）には、長男弘道が生まれ喜びが重なった。この年には、まもなく創設される予定の大阪帝国大学の教官要員に指名され、翌年早々に官費海外留学することも決定した。

## 三　欧州留学と大阪帝国大学時代（戦前）

昭和七年（一九三二）は上海事変が勃発した年で、二月に「爆弾三勇士」の記事が新聞紙面をにぎわせた。この年、桜が葉桜になる頃、四郎は単身箱根丸に乗船してヨーロッパ留学の旅に出発した。スエズ運河経由で三十五日の航海後、マルセイユに入港し、汽車でパリを経由してベルリンに到着した。ベルリンでは最初、ベルリッツ・スクールで短期間ドイツ語会話の個人レッスンを受けた後、ベルリン大学の外国人向けのドイツ語講座で会話を勉強した。その秋、十月末にベルリンからプラハ（チェコスロバキヤ、現在のチェコの首都）に移り、プラハのドイツ大学の酵素学者ワールドシュミット・ライトの研究室で研究を始めた。ワールドシュミット・ライトの論文にはその研究場所がプラハのドイツ大学（Deutsche Universitat zu Prag）と書かれて

いたので、四郎はそれまでプラハもドイツ国内の地名だと早合点していた。実際はプラハには
ドイツ大学とチェコ大学があってしかも棟続きであることを知ったのはプラハに着いた後であ
った。プラハにヨーロッパ最古の大学の一つであるカレル大学が創立されたのは一三四八年の

帰国したころの赤堀四郎
（大東町教育委員会『赤堀四郎先生伝』より）

ことである。一三四八年というのは、日本では南北朝時代で、楠正行が四条畷で高師直兄弟と戦って討ち死にした年である。その後、プラハに原住していたチェコ人と、ドイツから移住してきたゲルマン人やユダヤ人との間の軋轢が起こり、一八八二年に大学はチェコ大学とドイツ大学に分裂した。四郎が留学していた当時は、チェコ大学ではチェコ語で、ドイツ大学ではドイツ語で授業を行うという日本では実感できない言葉の壁の厚さと、その根底にある民族、宗教の違いの深刻さをまざまざと見せつけられたと回顧している。

ワールドシュミット・ライトの研究室では教授の指導の下で酵素の研究に取り組んだ。膵臓抽出液中のアミラーゼの活性変化の測定、クルペイン中のプロリン、

オキシプロリンの分別定量、新鮮な膵臓抽出液中の新しいプロタミナーゼの存在の可否、クルペインの構造（アミノ酸配列）の研究など当時の研究技術では研究の難しいテーマを与えられていたようであった。この当時、ドイツの酵素学者は酵素はタンパク質に似ているがタンパク質そのものではないと考えていた。しかし、アメリカでは既に一九二六年にコーネル大学のサムナーが、ナタ豆中に存在している尿素を分解する酵素であるウレアーゼを結晶に取りだし、また一九三〇年代になってプリンストン大学のノースロップがペプシン、トリプシン、キモトリプシンなどのタンパク質分解酵素を結晶状に単離し、これらがいずれもタンパク質であることを明らかにしていた。サムナーとノースロップは共に一九四六年ノーベル化学賞を受賞している。

プラハでの研究を昭和九年（一九三四）の夏に切り上げ、四郎はアメリカに渡り、プリンストン市の郊外のロックフェラー研究所の支所で、ノースロップの研究室に四カ月程滞在し、酵素の分離精製と結晶化の方法を教わり、四郎自身で結晶を作ってみて酵素がタンパク質であることを確認した。三年弱の留学を終えアメリカから秩父丸に乗船して横浜港に帰国したのは昭和十年（一九三五）一月早々であった。

帰国と同時に大阪大学理学部講師に任命され、四月には助教授に昇任、有機化学の講義を担当することになった。住居は芦屋に見つけ、当時理学部のあった中之島に通勤した。この年の秋には次男弘次が誕生した。研究についてまず着手したのは、「タカジァスターゼ」の中のデンプン分解酵素（アミラーゼ）の精製であった。タカジァスターゼは高峯譲吉博士が発見した有名な消化酵素である。四郎が研究の材料としてこの酵素を選んだ理由は第一に日本人が発見したものであること、第二に原料が得やすかったことである。当時既に三共株式会社で「タカジァスターゼ」を製造し消化薬として販売していたので容易に入手できた。しかし戦争が激化して三共では「タカジァスターゼ」の製造を中止したのでこの研究を中断せざるを得なかった。この麹アミラーゼの研究は戦後「タカジァスターゼ」の製造再開とともに再開し、昭和二十七年（一九五二）に結晶化に成功しタカアミラーゼAと名付けられた。

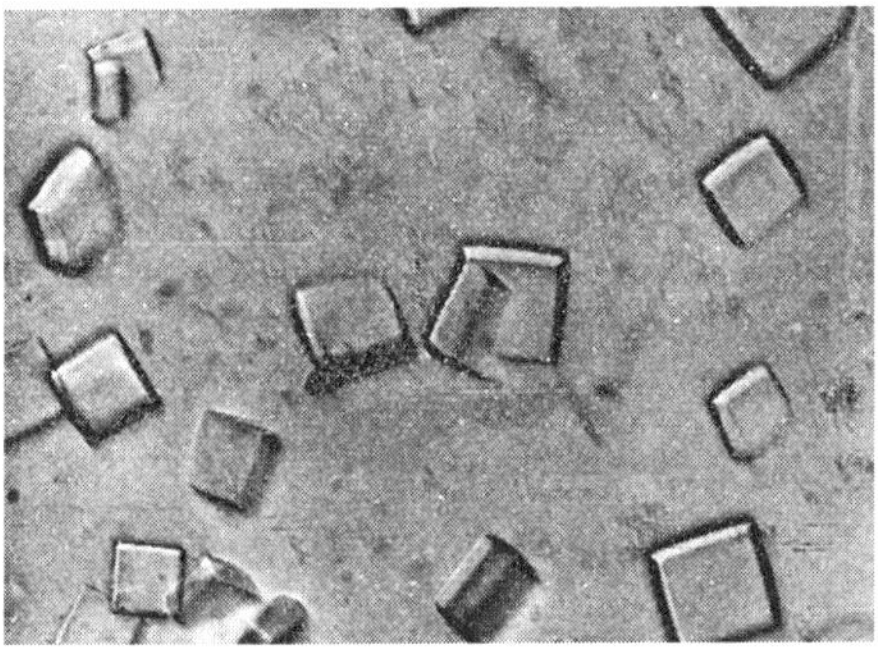

結晶タカアミラーゼAの写真
（The Journal of Biochemistry Vo.l.41.No.5 1954より）

　昭和十四年（一九三九）、四郎は教授に昇進し、理学部化学第一講座を担当した。この年あたりから日常生活が急速に戦時色に塗り替えられていった。既に昭和十二年（一九三七）に日中戦争が始まり、昭和十六年（一九四一）には太平洋戦争が勃発し、大学の研究室も資材の不足で研究活動の低下に加えて、戦争に直接関係のある研究をやらざるを得なくなった。

毒ガス防御用ガスマスクの青酸吸着剤の研究をしたり、夜間における青酸ガスの発見用に、青酸に反応して発光する物質を工夫もした。日常生活は食料も衣料も不足して暗い気分に落ち込んでいる時、赤堀家に悲しい不幸が襲った。昭和十九年（一九四四）九月、四郎が留学から帰った年に生まれた次男の弘次がジフテリアに罹ったが、当時民間の医師の手元には抗血清がなく、手当のかいなく九歳の短い生涯を閉じた。

第二次大戦の末期には、中之島にあった阪大理学部では、ガスも電気も事実上使用できなくなっていた。昭和二十年（一九四五）三月には大阪も空襲に見舞われ、一三万戸が焼失するという大きな被害を受けた。このような状況で中之島では研究もできなくなり、赤堀研究室は西宮の神戸女学院の料理教室を借りて、細々と研究を続けたが、ここで終戦の日（昭和二十年八月十五日）を迎えた。

理学部化学科第1期生と当時の化学科教官
（前列左2番目より、槌田、赤堀、渡瀬、小竹、眞島、仁田、千谷、佐多、呉）

# 四　大阪大学時代（戦後）

終戦直後は四五歳の男盛りの四郎も希望を失い、一時は故郷に帰って百姓になろうと考えたこともあったが、まもなく陸海軍の技術将校であった卒業生達が復員し研究室に訪ねてきた。彼等が自暴自棄になって生きる目的を見失っているのを見た四郎は、このままでは前途有為の優秀な若人達が横道にそれて、才能を生かせないで終わってしまう怖れがあることを案じ、その人達に研究室にきて細々でも研究をしようと励まし、一〇人ほどの定員の狭い研究室に三〇人近い人達を収容し、できるだけ研究費のかからない課題を探して有機化学的な研究をさせた。この人達の中から、後にわが国の産業界や、アカデミックな研究分野で世界的に活躍した多くの人材が輩出した。中には医学部出身で後に第十一代阪大総長になった山村雄一のような異色の人もいた。

戦後は公的な職務に携わることが多くなり、多忙な日々を送るようになった。昭和二十二年（一九四七）には、理学部長を命ぜられた。また、家庭的には長女素子《もとこ》が誕生し、初めての女の子の誕生で妻共々大喜びであった。それまで阪大理学部には生物学科がなかった。もっと多くの学生に生物化学の興味を持たせるには、どうしても生物学科をつくる必要があると考えた四郎は、機会あるごとに新学科の創設を説いて回り、そのかいあって新制大学発足の昭和二十四年（一九四九）に生物学科の創設が実現した。新制大学発足と同時に、四郎は一般教養部長を命ぜられ、二年間教養部の創設に尽力した。昭和二十八年（一九五三）から二年間、再度理学部長に選出され大学運営に携わる一方、同年、東京大学に応用微生物研究所（現、分子細胞生物学研究所）が創設されると、請われて酵素化学部門を担当することになり、以後五年間同研究所の教授として教育研究に携わり、また昭和二十九年（一九五四）から三年間、東京大学理学部化学科の教授も併任し、多くの人材を世に送り出した。この当時、四郎は超人的な活動をしたことになる。大阪大学理学部長の職務と同時に阪大理学部化学第一講座、東京大学応用微生物研究所、同理学部化学科の三講座の教授を併任し、五〇人ほどの所属教官、学生の研究指導と、それに必要な研究費の調達には大変な苦労をしたことであろう。ほとんど毎週二日間東京に出張し、その往復はすべて夜行急行列車（当時は東京―大阪間一一時間）を利用して時間の節約をはかった。

## 蛋白質研究所の設立

これまで蛋白質のカルボキシル末端アミノ酸を決定する方法はカルボキシペプチダーゼを使用する酵素法しかなかったが、四郎は戦時中にロケット燃料として多量に作られていたヒドラジンが戦後余っているのに着目し、このヒドラジンでタンパク質を分解して、必須アミノ酸の一種トリプトファンを単離できるのではないかと考え、タンパク質を分解したのがきっかけとなり、タンパク質のカルボキシル末端を決定する「ヒドラジン分解法」或いは「赤堀法」を発見した。この方法を含めてタンパク質の構造に関する研究業績に対して、昭和三十年（一九五五年）日本学士院賞「タンパク質を構成するアミノ酸の結合状態に関する研究」を受賞した。

創立当時の蛋白質研究所（大阪市西区土佐堀）

蛋白質研究所竣工（北区中之島）昭和36年

一方大阪大学では、生命現象を研究解明するには、酵素を含めて生体を構成しているタンパク質を、多くの異なる分野の研究者が密接に協力して研究を進める研究機関が是非とも必要であると考えていた。その実現のため四郎が中心となり、学内の多くの研究者と計画が練られ、昭和三十年（一九五五）、大阪大学は蛋白質研究所の設置を文部省に要求し、翌年、理学部付属として蛋白質研究施設の設置が認められた。他方、昭和三十一年の日本学術会議総会において、全国の研究者の共同利用の場として蛋白質の研究施設を設立する必要があると議決され、昭和三十三年、わが国における最初の全国共同利用研究所として大阪大学蛋白質研究所が設立され、初代所長に四郎が任命された。

## 阪大総長時代

昭和三十五年（一九六〇）、四郎は学長選挙で選出されて第七代大阪大学総長に就任した。その翌年の九月、第二室戸台風により、近畿地方は大きな被害を受けた。阪大理学部も高潮の被害を受け、サイクロトロンも水に浸かって使用不能になった。医学部附属病院も水浸しになり、これを契機に中之島キャンパスの移転が話題になった。また工学部でも敷地が手狭なため以前から移転を考えていたので、この機会に大阪市内にある各学部、研究所の移転の為の候補地を探していたところ、吹田市の千里丘陵に適当な土地が見つかったが、七〇万平方メートルの用地を如何にして取得するか資金の面で難航した。四郎は陣頭にたってこの難問の解決に取り組み、大阪の財界人、大阪府、吹田市の首脳部の方々に協力をお願いする一方、文部省、大蔵省の理解と協力により財政投融資金二〇億円を借りることに成功し、現在の吹田キャンパスの土地を先行取得することができた。四郎は後々まで、このときの感激は忘れることができないと述懐している。大阪府と建設省による千里ニュータウンの建設、昭和四十五年（一九七〇）開催された万国博覧会の計画と一体になって、吹田キャンパスの建設は当時としては日本最大規模のプロジェクトであった。昭和三十八年（一九六三）には文部省に請われて学術顧問に就任し、わが国の科学教育研究の相談役として学術の振興発展に多くの助言をした。昭和三十九年（一九六四）日本学士院会員に選出され、翌昭和四十年（一九六五）、これまでのアミノ酸、タンパク質の研究業績に対して文化勲章を受章した。その翌年（昭和四十一年）の十二月総長の任期を満了、大阪大学を定年退官し同時に大阪大学名誉教授の称号を授与された。

閑日好日『写真集　大阪大学の五十年』より

阪大を定年退官と同時に特殊法人理化学研究所理事長に就任（三年四カ月）し、昭和四十二年（一九六七）からは大阪府教育委員会委員を委嘱され、翌昭和四十三年から四年間教育委員会委員長を引き受け、府の教育行政のために尽力した。

四郎が大学在職中から胸中に暖めていた構想で、大阪府教育委員長を務めている間にだんだんと形を整えてきたものに関西における大学セミナーハウスの建設構想があった。マンモス化した現代の大学では教師と学生の人格的触れ合いは大学内ではなかなか望めないので、海辺や山間の静かな処で教師と学生が語り合い、人間的な触れ合いによる相互啓発と研修を行う場所が是非とも必要と考え、四郎は最初はほとんど単独で関西の財界や神戸市等の諸団体に働きかけ資金集めに奔走した。その後関西の国公私立大学の協力も得て、現在の神戸市北区道場町に財団法人関西地区大学セミナーハウスの建設に着手し、四郎は提唱者として理事長に就任した。昭和四十六年（一九七一）九月のことである。ところが運悪く昭和四十八年のオイルショックに遭遇、資金調達が難航し、一時は中止かという危機もあったが大林組の特別な計らいで工事は順調に進み昭和五十年（一九七五）十二月開館にまでこぎつけた。このセミナーハウスのロビーにマッカーサー元帥が座右の銘として愛唱したといわれ、関西の多くの財界人が座右の銘としたサムエル・ウルマンの「青春の詞」が約一畳の大きさの額に掲げられている。この関西地区大学セミナーハウスは平成十四年秋までに五八万余の教職員、学生に研修の場を提供し、大学

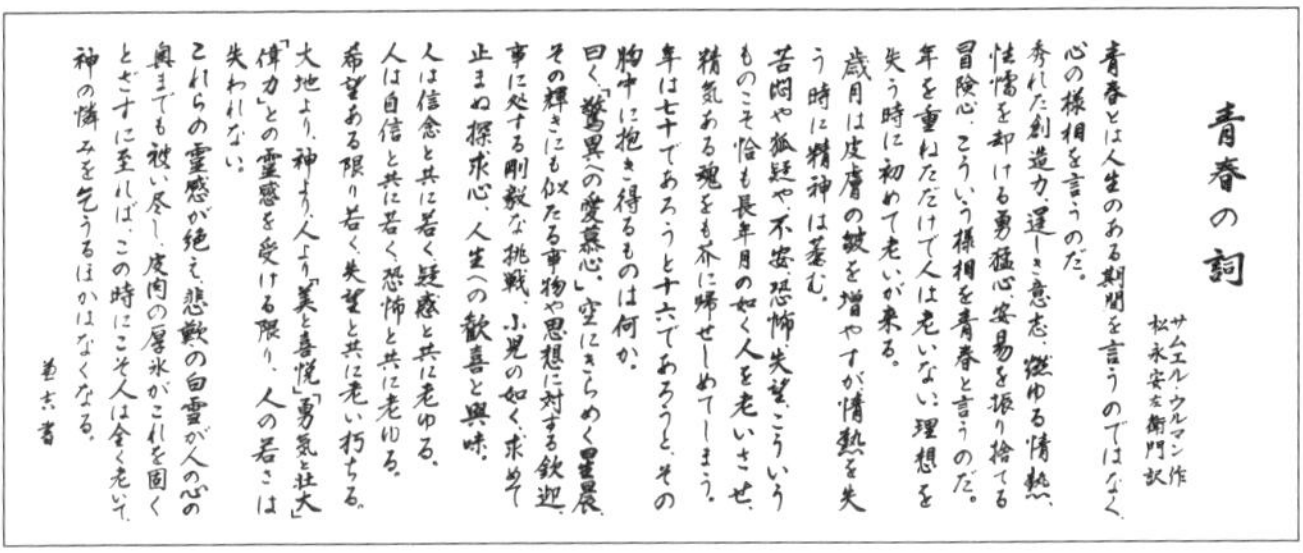

青春の詞

サムエル・ウルマン作
松永安左衛門訳

青春とは人生のある期間を言うのではなく、
心の様相を言うのだ。
秀れた創造力、逞しき意志、燃ゆる情熱、
怯懦を却ける勇猛心、安易を振り捨てる
冒険心、こういう様相を青春と言うのだ。
年を重ねただけで人は老いない。理想を
失う時に初めて老いが来る。
歳月は皮膚の皺を増やすが情熱を失
う時に精神は萎む。
苦悶や狐疑や、不安、恐怖、失望、こういう
ものこそ恰も長年月の如く人を老いさせ、
精気ある魂をも芥に帰せしめてしまう。
年は七十であろうと十六であろうと、その
胸中に抱き得るものは何か。
曰く「驚異への愛慕心」空にきらめく星辰、
その輝きにも似たる事物や思想に対する欽迎、
事に処する剛毅な挑戦、小児の如く求めて
止まぬ探求心、人生への歓喜と興味。
人は信念と共に若く、疑惑と共に老ゆる、
人は自信と共に若く、恐怖と共に老ゆる。
希望ある限り若く、失望と共に老い朽ちる。
大地より、神より、人より「美と喜悦」「勇気と壮大」
「偉力」との霊感を受ける限り、人の若さは
失われない。
これらの霊感が絶え、悲歎の白雪が人の心の
奥までも被い尽し、皮肉の厚氷がこれを固く
とざすに至れば、この時にこそ人は全く老いて、
神の憐みを乞うるほかはなくなる。

萬六 書

サムエル・ウルマンの「青春の詞」

関西地区大学セミナーハウスラウンジに掲示された「青春の詞」

内では得られることのできない役割を果たしたが、近年の学生気質の変化および社会経済情勢により、セミナーハウスの財政状況が厳しくなり、事業を継続していくことが困難となったため、平成十四年九月末をもって閉館された。

長年の学術研究、教育並びに文化、大学行政にわたる幅広い活躍と業績に対して、昭和五十年（一九七五）春の叙勲で勲一等瑞宝章を受章した。

四郎夫妻は四郎が八〇歳を過ぎてからカトリックに入信し、敬虔なクリスチャンとして余生

を送ったが、夫人は、昭和六十一年（一九八六）に八〇歳の長寿を全うされ、四郎は平成四年（一九九二）十一月三日九二歳の長寿を全うして神に召された。なお生前の功績により正三位に叙せられた。

池中　徳治（いけなか　とくじ）
大正十五年大阪府生まれ、昭和二十四年大阪大学理学部化学科卒業、昭和二十六年大阪大学理学部助手、昭和三十五年同講師、昭和三十八年同助教授、昭和四十五年新潟大学医学部教授（生化学第二講座）、昭和五十三年大阪大学理学部教授、昭和六十三年大阪大学理学部長併任（平成元年まで）、平成元年大阪大学定年退職、同大学名誉教授。平成元年帝塚山学院短期大学教授、平成五年帝塚山学院短期大学学長（平成九年まで）、平成十年帝塚山学院短期大学退職。元日本生化学会会長、元日本糖質学会会長

# 第八代総長　岡田　實

荒田　吉明

# 一　生い立ちと人となり

岡田實先生は、阪大工学部から選出された初めての総長であり、しかも機械、電気、船舶等の様に伝統的な工学的対象物を持つ学科ではなく、当時としては世界的にも珍しい工学界を横断したいわゆる学際的学問として新しく「溶接工学」を体系化し、確立されたのである。同先生は一九九七年六月十五日に肉親に見守られながら、九三歳で天寿を全うされたが、南原繁元東大総長の言を借りれば、「その生涯は波乱に満ちており、その間の体験を通じて得た世界観は新日本の建設と世界の将来に一条の光を投ずるもの」と述べられている。

総長退官後、間もなく発刊された『閃光』はその回想録とも言えるもので、『第一部鈴丘日記』（一九六九年四八六頁）、『第二部夏の雲』（一九七〇年四六八頁）を繙けば、識見の広さを窺い知ることができる。

さて、当時司馬家（元は料亭として有名であったが、実父が事業に失敗し、實が生まれた頃には小さな商売で生計を立てていた）の近所に岡田家があり、子供がなく、實は岡田夫妻の強い要望により、乳幼児の時から養子として育てられた（正式の入籍は就学直前）。養父岡田東太は旧京極藩士の出であり、一八歳の時上京して福沢諭吉の門下に入って政治・経済を学び、後にニコライ教会でキリスト教を研究し、英語・ロシア語にも通じていた。その後仏教に転じ、醍醐の和気大僧正に師事して「而住」の名を戴いた。東太はやがて郷里香川県に帰って青年の指導を志し、社会主義を唱えたことから、社会的地位は常に不安定であった。しかし、無欲で清廉潔白であったためか、交友範囲は広く、政治家、宗教家、教育家、軍人など、ほとんどの職域の人々に及んでおり、多くの逸話を残した。たとえば、大隈重信、板垣退助、犬養毅、尾崎行雄等々の有名人を始め多くの人達の私信が遺品として今も多く残されている。一方、無欲のあまり金銭のために働くことを嫌い、次々に不動産を売却して生活費に当てたために家計は困窮を極めていた。

岡田實は幼いながらも養父の不健全な家庭経済を批判的な眼でみていたが、反面、自分のことよりも社会のためを優先する思考に共感を覚え、尊敬の念も禁じ難く、養父を誇りとする気持さえ抱いていた。東太は、實が小学校六年生の時（一九一五年）臨時国会傍聴のため上京し、その帰途急死した。富士山の見える酒匂川のほとりで火葬、無言の帰郷となった。實の苦学はこの時から本格的に始まった。丸亀中学校に入学できたが、二年生のとき、ついに生計立ち難く退学届を出さざるを得なかった。そこで職を求めて大阪に旅立ち、商店員として働き出した。

大阪市立市岡中学校卒業記念写真（大正13年3月）

一九二〇年に大恐慌が出現し、倒産が続出、社会は騒然となった。そこで店員生活を続けていても展望がないことを悟り、再び勉学の道を志し、折しも暴風雨での鉄道トラブルの中、東京に出発した。新橋駅で新聞広告を見て、新聞配達員の募集のあることを知り、即日採用の幸運を得た。その後新聞配達をしながら国民英学会で学んでいたが、養母の上京・同居もあり、一九二一年日本碍子会社の東京出張所（本社は名古屋）の給仕兼事務員の仕事に転じ、夜間の商工学校に入学、一年後にこの学校を卒業した。そこで、實は正規の就学過程の重要性を痛感し、上記の碍子会社を退職、私立中学校の四学年への編入試験に挑み合格を果たした。一九二三年、内職しながらの勉学への道であった。一九二三年、関東大震災に遭遇したが、幸いにして危うく難をのがれた。しかし東京におられず、この大震災を機に、養母は郷里に、實は再び大阪へと移った。幸い市岡中学校への転校も許可され、志す道を違えることなく歩みはじめた。中学校を卒業した實は大阪高等工業専門学校（大阪大学工学部前身）の電気科に合格し、学費についても支援者が現われ、最大の難関が解消された。しかし当時は専門学校卒業生に対する大学への受験は極めて狭き門であり、いわゆる高等学校卒業生のみを入れてその欠員のある場合のみ二次募集の形で入学の機会が与えられるにすぎなかった。幸にして、東北大学に二次募集があり、受験の機会が巡ってきた。本多光太郎先生の指導が期待できる金属工学科を志望、見事合格を果たした。学費支援の目途もつき、心おきなく学術研鑽と自己修養に励むことができた。そして卒業後は続いて大学の研究室入りを希望した。このとき生涯を通じて科学振興のために盡そうと決意したのは卒業研究に負う所が大であったと述懐している。この志は卒業後間もなく、阪大工学部冶金学教室の助手に採用されることになって（一九三〇年）、その実現へのスタートを切ることになった。

さて永年に亘る苦労の上に築かれた岡田先生の処世訓は誠に見事であり、現代「教育問題」の根幹にかかわると考え、敢えてここに掲示すると下記の四点に集約される。

一、天は自ら助くるものを助く。二、外敵は恐るるに足らず、恐るるものは自己の志操である。三、先見の明を以って人より先んじて世の為・人の為に盡くす。四、老人には真綿にくるんでいたわり、子供には荒縄を巻いて育てる。諾なるかな！

ところで、實は趣味について深く考え、これに二つの意味を与えている。その第一に職業（自身は学問）への専念を、いま一つは通俗的なものをあげ、自身は謡曲・能楽を選んでいる。学生時代から生涯喜多流に没入し、伊勢神宮でも奉納している。二つを見事に融合させた人生といえる。

## 二　学術新分野のパイオニア

大阪大学工学部（当時は官立大阪工業大学）冶金学科の助手として、一九三〇年に赴任した岡田實は、斉藤大吉教室主任の勧めもあって、研究課題に「溶接」を選ぶことにした。当時、溶接はほとんど学問としての体系をなしておらず、将来を危惧して思いとどまるよう忠告する声もあったが、實は信念をもって敢然とこの課題に取り組んだ。ちなみに、現在の溶接学会（個人会員数約四〇〇〇人）の前身である溶接協会は一九二六年に発足していたが、当時は一〇〇名にも満たない状況にあり、研究者といえる者は数人程度に過ぎなかった。實はこのような環境のもとにあって、溶接現象の観察から研究に着手し、続いて金属工学の視点から溶接法の研究を行い、溶接の学問的体系化への道を歩むことになった。

## 溶接工学の確立

冶金学科第５講座（溶接工学）教授時代

一九三一年には講師に昇任し、冶金学科で金属加工法の一部として金属溶接法の講義を行なうと同時に溶接実習も実現させ、その翌年には「溶接」がはじめて卒業研究のテーマとしても採択されることになった。また、溶接協会事務局も冶金学教室内に移転し、学内外に活躍の場を拡げた。一九三三年には助教授となり、溶接工学を必修科目とするなど、溶接の教育・研究の展開は当時驚異的な成果と評価された。特に鋼のアーク溶接における溶融部及び熱影響部に関する冶金学的研究成果は学術界に画期的な影響を及ぼした。たとえば線状組織（霜柱状組織）、オーステノマルテンサイト組織など鋼の基本的組織を発見し、現在尚学術用語として残ってい

建設工事中の溶接本館ならびに講義実験棟
(昭和19年3月撮影、しかし落成後4ヵ月、昭和20年6月7日大阪大空襲により全焼)

る。

一方、溶接工学研究の集大成したものを体系的に広く構築し、その理解を促進するために四年間に亘って心血を注ぎ、一九四二年著書『熔接工学』（山海堂）を出版した。この著書は溶接研究者・技術者、学生等の指導書として絶賛されると共に、文部省の推薦図書にもあげられ、永く溶接関係図書の師表として愛読された。

さて、實はさらに溶接工学・技術を飛躍的に発展させるために高度の溶接研究者・専門技術者の育成がベースになると考え、まず溶接工学科の創設が急務であるとして、文部省に訴えつづけた。一九四〇年、溶接技術に対する産業界の先覚者大津勇大阪電気株式会社社長の絶大なる支援によって学舎建設などの多数の資金が準備され、これを背景に概算要求を行った。その結果、翌年冶金学科内に溶接工学の一講座が認められ、實がその担当教授となった。その四年後漸く溶接工学科の新設が認められ、四講座制として、一九四六年完成した。この溶接工学科の創設は世界最初の壮挙であると同時に世界で最初の学際的学問体系の組織が確立されたのである。毎年の卒業生は数十人にすぎないが、實の阪大在任中の約二五年だけでも累計一〇〇〇人の卒業生を排出し、現在では二五〇〇人を超える状況である。卒業生のほとんどが實の期待に応え、溶接界の中枢を占めると同時に現在各学科の卒業生で、産業界で取締役などの重役として活躍している人達は溶接工学科の卒業生が阪大随一とされている。

しかしこのような溶接工学科も誕生初期には苦難の道を歩んだ、たとえばその翌年の大阪大空襲によって新学舎は全焼、学業の遂行に困難をきたしたため、實は決断し、教職員・学生の全員をひきいて岡山県の奥深い山村に疎開した。この疎開生活が教職員・学生の連帯を強固にすると同時に、その風潮が伝統となって他に類をみない教室・卒業生・在学生の結束を醸成した。

戦後、新制大学の発足、新制大学院の設置等めまぐるしい変革に対応して、教育・研究体制を着々と進め、四講座制のもとで實は第一講座（溶接基礎学）を担当した。その研究活動は目覚ましいものがあり、次々と新知見を発表し、完全に世界をリードすることになった。そして鉄鋼、造船、電力事業などわが国基幹産業の展開に測り知れない大きな貢献を果したと言える。

かくして溶接工学の社会的評価は確立し、さらに四講座の増設も認められ、一九六六年八講座制となった。これによってわが国は名実ともに溶接工学の教育・研究にたいする世界のメッカとしての役割りを担うことになった。

實は一九五三年から日本学術会議（第五部）会員として活躍していたが、一九五五年には同会議に溶接研究連絡委員会が設置され、その委員長に就任した。同溶接研連は一九六四年に溶接研究の将来計画を公表し、国立溶接研究所設置の必要性を訴えた。学術会議はただちにその実現を政府に勧告、文部省は一九六六年、概算要求事項として溶接工学研究所の設立を発表し、阪大への設置を省議決定した。阪大では一九六七年、概算要求すると同時に設置準備委員会（委員長赤堀四郎総長）を発足させた。かくして一九六九年、まず研究所の前身となる溶接工学研究施設が工学部に設置された。その後、一九七二年ようやく阪大付置全国共同利用溶接工学研究所（現「接合科学研究所」）が誕生した。これは實の総長退官三年後のことであり、このことは残念なことではあったが、この實の総合溶接研究に懸ける理念・思考は、後に研究所長になった筆者が受けとめ、その展開に盡力したつもりである。

## 超高温核融合の研究

實の先見性と進取性を象徴する研究に超高温核融合がある。世界的にこの研究が芽生えてきた頃、永年に亘って溶接アークプラズマと対峙し、その高エネルギー密度熱源の活用を考えてきたことから、この問題に大きな関心を寄せた。これは一見、溶接から懸け離れた存在のようにみえるが、当時大電流放電技術や大容量のアークプラズマの発生・制御の開発および活用等

昭和20～36年頃の溶接工学科教室（東野田時代）
（建物は災害科学研究所から借用）

「熱源」問題では、わが国でもっとも進んでいる分野は「溶接科学」であり、溶接研究者こそ核融合研究の端緒をつくるのにふさわしいと考え、この分野を担当していた筆者等にその可能性について検討を指示した。そこで、筆者等は第一段階として超高温の発生とプラズマの閉じ込めが同時に可能な大電流放電ピンチプラズマの研究を初め、その成果のもとで見通しをつけた。これを受けて、實は理工学研究者に呼びかけ、一九五六年超高温研究会（会長伏見康治――後の名大プラズマ研究所初代所長）を発足させた。一九五八年には岡田研究室の枚方実験室で筆者らは当時世界最大の数百万アンペアの放電にて、数百万度相当の重水素プラズマを発生させ、中性

子の発生も確認した。これらの成果の積み重ねによって、一九六〇年には阪大工学部に超高温工学講座が設置され、さらに一九六七年には超高温理工学研究施設が認められた。一方、超高温研究会は核融合学会ができたことから改組し、高温工学を対象とする高温学会（会長荒田吉明名誉教授）となって活動し、新しい学問分野が開拓され、實の初志は見事に開花し実を結んだ。当時全国至るところに多数の理学・工学の研究機関があったのにかかわらず、専門外とも思われる溶接工学科が我国核融合研究の端緒を開き、先駆した事実は注目すべきことであり、学問の奥深さを窺うことになる。これは岡田實先生が展開された学際的学問の教育・研究システムと同時に、先生の蓄積されてきた識見の豊かさに由来していることは言うを待たない。

さて、實は溶接工学教室の八講座制が完了した一九六六年、かねてからの構想にあった工学と技術の橋渡しを実現すべく「溶接応用工学講座」に移ったが、間もなく阪大総長に就任したため、研究の第一線からは退き、以降大学全体の立場にたって、大きく行政面で活動することになった。

大阪東野田より吹田地区移転直後の工学部遠景

# 三　工学部長・総長時代

## 工学部長の頃――吹田キャンパスへの移転計画

一九六〇年、岡田實は石野俊夫教授の後を受けて工学部長に就任した。その当時の状況は、たとえば一カ月半後に大学講堂（中之島）が竣工し、その翌年には基礎工学部が設置され、工学部には工業教員養成所（初代所長は岡田實工学部長）が設立されるなど、技術革新の波が押し寄せていた。大学等では政府の理工系技術者増員計画によって拡張され、まさに理工系学生増募の時期にあった。

そこで、實は科学技術の進歩に順応できる工学教育態勢を整えることを基本方針とし、工学部における学科・

講座の新・増設、並びに全体的な視点からの施設・設備の充実に努力を傾注した。

しかし、阪大は当時「蛸足大学」の異名があり、キャンパスは七、八カ所に分散し、総合大学としての教育研究機能を果たすには誠に不都合な状況に置かれていた。工学部だけをみても、学舎は三カ所に分かれていて日常の研究活動はもちろんのこと、学生にとっても講義・実習のための学舎間での大量移動は日常茶飯事のことであり、体力・気力の消耗も甚しく、これが勉学に大きな負担をあたえていた。工学部の本拠地東野田キャンパス（京橋地区）は戦後の学科・講座等の漸増累積によって過飽和状態にあり、工学部全体をそこに集合させることは不可能であった。市街地のため、敷地の拡大は出来ずさらにキャンパス周辺の環境は甚だ喧騒で、学問の府として留まるには相応しくない状態であった。

一九六二年七月、實は工学部教授会での移転決議を行うとともに、その十二月部局長会議で吹田地区への全学集結を提案した。翌年に入り、赤堀総長も賛同するところとなり、實は総長とともに政府をはじめ、府、市、財界等の協力・支援を要請して回った。そして一九六三年六月工学部長任期満了の最後の教授会で、工学部は移転することを再度決議した。工学部の吹田移転が開始されたのは一九六八年度初頭であった。大阪大学吹田移転に対する岡田實の貢献は極めて甚大であったと言わざるを得ない。

## 総長時代

岡田實が工学部長を退任して三年後の一九六六年、赤堀四郎総長の後任として第八代の総長に選任された。この総長選挙の直前に阪大職員組合から各候補者に対して、大学行政についての抱負表明の要請があった。實はこれに応えて下記の五項目を伝えた。

一、教育研究環境の改善については、前総長の路線を踏襲・発展させる。

二、総合大学として、人文系と自然科学系の調和ある発展をはかる。

三、研究体制強化のため、研究所・研究施設の拡充新設に努める。

四、教養部の改革を含めて大学院大学構想を検討する。

五、日本の代表的大学の一つとして、国際学術交流に貢献する体制を強化する。

まず第一項については、前総長の残したビジョン・計画に従って、吹田移転の大事業を始めとする環境整備を順次着実に実行した。第二、三項目については、自然科学系を母体として発足した阪大では、相対的に人文系の枠組みが弱く、その強化が課題となっていた。實は学術会議の長期研究計画調査委員会に所属し、人文系の研究所設置、教育研究の強化に関する検討に参画していたため、問題意識は充分に持っていた。そこで阪大人文科学系の学科増設の要望が提示されたことから、ただちに学内関係諸機関の賛同を取り付け、その実現に向けて強力な推進を開始した。一方、理工系においても、懸案となっていた溶接工学研究所、核物理研究施設等の設置計画がようやく実現に向けて走りはじめることになった。第四項目については、早くから構想を暖めていたが、総長在任中は時期尚熟さず、具体的なアクションは取り得ず退任したことは大変心残りであったと思われる。しかし最近になって旧帝大系大学ですでに大学院大学としての運営が実施され始めており、泉下で喜びを感じていることと思われる。第五項目に関してはまず大学の持つ知識を一般社会に還元することを考えた。溶接工学では早くから（一九五二年）、溶接学会主催の形ではあるが、實の提唱によって大学つまり工学部溶接工学教室の教官が主体となって溶接技術者を対象に「溶接工学夏季大学」を阪大で開催してきた。この実績を背景に實は全学規模の社会還元を考え、準備委員会を作って企画を進め、文部省の支援も得て、一九六八年以降現在もなお連綿と続いているいわゆる大阪大学「公開講座」の端緒を開いた。この功績は極めて大きい。また国際学術交流については、来日の学者を招待しての講演会を開催するとか、国内で開催の国際会議の支援を積極的に進めた。これらは当時としては画期的なことであった。溶接分野でも後述の国際溶接学会を日本に誘致し、日本で初めての組織委員長として活躍、わが国溶接の声価を海外に発揚した。

## 大学紛争とともに

さて、全国的に吹き荒れた学園紛争は、一九六七年末から阪大でも始まった。その発端は生協問題で学生間の争いが暴力事件にまで広がり、翌年十二月遂に一部学生による「学生部封鎖占拠」という事態が発生した。その後全学集会、学部集会等から学生ストに発展、一九六九年三月には滝川春雄学生部長が辞任するなどエスカレートの一途をたどった。岡田総長自身も同年五月十二日大学院生と会見中一部の学生集団に監禁され、高血圧症で入院せざるを得ない状態にまで追い込まれた。同月下旬入院中総長を辞任し、同時に退官のやむなきに至った。

吹田移転による新学舎に併設された岡田メモリアルホール落成披露式典にて　岡田総長とホール寄贈者大津勇大阪電気社長（昭和43年11月）

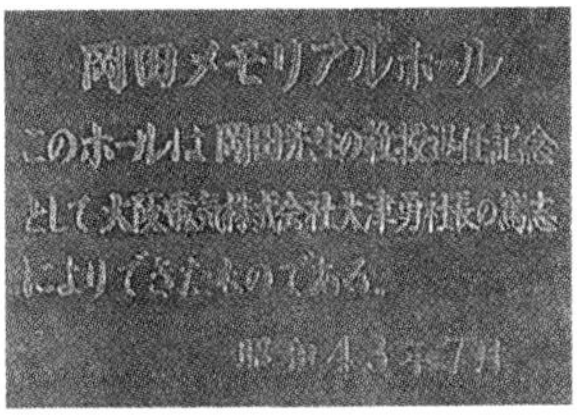


記念の銘版

實は病床で心情を吐露した長文の手記

「総長辞任に際して全学の諸君におくる」をしたため、大学に届けられたが、公にされることはなかった。大学改革の思想に燃え、先の公約に則って着々と実績をあげつつあった最中、大学紛争が災いして、時の流れとは言え、そのすぐれた志が不本意にも中途で挫折したことは痛恨の極みであった。しかし、岡田實の説いてきた志はその後次々と実現されつつあり、「岡田實の試練」は阪大の発展のための一里塚として語り継がれるであろう。

## 四　教育研究を通じての門下生並びに社会との連帯

情熱と人情の人

幼少の頃より幾多の苦難を乗り越えて教育研究者になり、学問として体をなさなかった溶接を「溶接工学」として工学界を横断しているとされる学際領域で、その体系化を確立した岡田實は学者としてのみならず思想家としての豊かさを有していた。たとえば、戦後間もない一九四六年、保有の牛一頭を売り、その調達した資金で出版した小冊子『正しい理念』はそれを象徴する一例でもあろう。この中では人類の共存共栄を理想とする科学世界主義を提唱している。この小冊子は少なくとも溶接工学科一～一〇期生程度までの学生には全員に配布され、熱っぽく説明された記憶がある。何割の学生が理解したかは詳らかではないが、そこには實への求心力を高める理念があった。信念の人、厳しい中にも暖かい人格、加えて集団疎開時に育まれた教職員・学生の一体感、岡田研のみならず、他研究室への適切なアドバイスと支援等が重畳して、溶接工学科の盟主として敬愛され、教えを受けた卒業生はおしなべて出身研究室を思う以前に、岡田門下生という意識が先行していた。

溶接教室職員・学生による疎開地での米作収穫風景
（昭和20年10月）

多聞にもれず、溶接工学科卒業生にも同窓会、年次クラス会等が存在するが、實は現役時代はもとより退官後も時間の許す限り手まめにかつ気安くこれらの会合に出席していた。コンパになると常に車座の中心にあって和気藹々と談笑し、終わってみると教訓と感銘が残っていた。

「情の深さ」についてのエピソードは沢山あり、これらはすべて社会の連帯につながっている。たとえば阪大工学部が全焼した大空襲のあった日、池田市郊外の呉羽の里の自宅は五〇発ほどの焼夷弾に直撃され、家族の被災は免れたものの、家屋・家財一切が焼失するという不幸に遭遇された。まばらにあった周辺の住宅は何の被害も受けていなかった。近所の人達が見舞いに訪れたとき、空襲前日屋敷内の畑に用意してあった芋づる五〇〇本が偶然健在であったので、その植付けを始めていた。それをみた近所の人が「先生、こんなときに芋を植えてどうするんですか」、またそこへ弟子達が見舞いにきて同じように「先生、何のために芋など植えているんですか」。これに対し「これを植えておけば、食料がなくなれば誰かが食べるだろう」。この返事に弟子達は感動し、皆手伝って植えつけたとのことである。その空襲後四日目、實は家族の疎開とは別行動をとり、前述したように教室職員・学生約五〇名をひきいて岡山の奥深い山村へと疎開して行った。そこでは稲作にも精を出し、終戦後阪大に復帰する折、多量の収穫米を運び工学部の教授会、職員などに分配し大変喜ばれたとのことである。このような人情の深さは至るところで発揮され、社会への還元を具体的に実行されていた。戦後の産業界での溶接技術が米国人から三〇年遅れていると指摘されるや直ちに終戦後二年（一九四七）、溶接工学教室全員が参加する支援策を確立し、四年間産業界の工場溶接技術向上に総力を集中した。

この学術支援にたいする産業界の喜びはたとえようもなく、業界の戦後復興への貢献は著しいものがあった。このような貢献は地域社会へも積極的になされた。たとえば池田市で名誉市民の称号があたえられているのもその一つの証拠と言える。

岡田實先生勲一等受章記念寄贈桜樹碑除幕式
（1981年3月）

さて岡田實は一九九七年六月十五日、九三歳でこの世を去った。その追悼式は波瀾万丈の故人を見送るかのように、大きな台風が近畿を襲ったその最中に千里会館で挙行された。交通機関は乱れに乱れていたにもかかわらず、全国から集まった卒業生は数百名を超える有様で、会場のあちこちで哀悼の中にも想い出話の花が咲いていた。

阪大工学部の中で溶接工学科ほど名の聞こえた会社の会長、正・副社長、取締役等を数多く排出した例は珍しい。しかも、これらの重鎮卒業生が實の掛け声一つで馳せ参じる結束力の強さは見事といえる。

溶接工学科では、学内関係の事業や社会的な催しの数々を一学科の規模を超えて実施できたのも、卒業生集団の献身的・率先的な協力・支援があったからこそともいえる。「岡田流の率先垂範」の精神、人情のこまやかさ、考え方のしなやかさ、さらには学際的な工学を確立されると言う思索の深さに裏打ちされて、専門性追究の前にグローバルな視点からの問題抽出の重要性をたたき込むという實の教育方針が脈々として伝達されてきたと思わざるを得ない。筆者も以上のように、たぐいまれな岡田實先生の志をつないで行く者の一人として人のめぐり合わせの重要さを思うものである。写真はこの師弟関係を直截に示している。

終わりにあたり、改めて恩師岡田實先生にたいして深甚な感謝の念を捧げつつ擱筆させていただきます。

荒田　吉明（あらた　よしあき）

大正十三年京都府生まれ。昭和二十四年大阪大学工学部卒、同年大学院特別研究生、昭和二十七年大阪大学工学部助手、昭和二十九年同講師、昭和三十一年同助教授、昭和三十九年同教授、評議員、昭和五十二年大阪大学全国共同利用溶接工学研究所長、昭和六十三年阪大定年退官・名誉教授、同年日本学士院会員、同年大阪大学荒田記念館竣工さる、平成五年近畿高エネルギー加工技術研究所長、平成九年岡田記念溶接振興会理事長。昭和六十年日本学士院賞、平成七年文化功労者・国外でも多くの授賞・役職があり、中国では五大学（上海交通・西安交通・天津・清華・ハルピン工科各大学）の名誉教授のほか客座教授・顧問教授、米国ではオハイオ州立大学客員教授、ポーランド・ウクライナの科学アカデミー外国人会員、ワルシャワ工科大学名誉博士、国際溶接学会荒田吉明賞設置さる。この他中国及び韓国の研究所で名誉所長・名誉顧問。

代表的著書　『プラズマ工学』日刊工業新聞社、昭和四十年十一月二十五日
『高温工学』日刊工業新聞社、昭和六十三年四月三十日
*Plasma,Electron and Laser Beam Technology*,American Society for Metals（米国金属学会）,1986　他多数

# 第九代総長

# 釜洞醇太郎

加藤　四郎

# 一　はじめに

昭和三十五年（一九六〇）の第一次安保騒動に始まる全国の大学紛争は昭和四十四年（一九六九）に至りそのピークを迎えた。大阪大学（阪大）も一部の過激派学生集団により大衆団交の強要、学部の封鎖などが続き混乱の極にあった。当時微生物病研究所（微研）教授であった釜洞醇太郎先生は、この年衆望を担って総長に選ばれ、昭和五十年（一九七五）に至る六年間、持病の糖尿病を抱えながら文字通り身を挺して紛争の収拾に当たられ阪大開校以来の最大の危機を克服された。糖尿病は悪化して総長を辞された僅か二年後、昭和五十二年（一九七七）に六六歳のお齢で殉職とも言うべき最後を遂げられたのである。

先生は昭和十一年（一九三六）に大阪帝国大学医学部を卒業され、その十二月に陸軍軍医に任命されるが、昭和二十一年（一九四六）の復員に至る十年間を主として中国戦線で務められ、終戦末期には被弾され大腿部に貫通銃創まで受けておられた。先生は阪大の激動期のみならず日本の激動期をも身を挺して取り組まれ劇的な生涯を終えられたのである。先生は、唐の張九齢の漢詩の冒頭、「宿昔青雲志」云々の「青雲の志」という言葉を好んで口にされたが、豊中キャンパスにある法学部創立二〇周年記念の大きな自然石の側に置かれた説明石板に当時総長であった先生の自筆、「青雲」が刻まれている。

今回釜洞先生の餘芳を語るにあたり以下のような著書を参考にさせていただいた。

釜洞先生は研究課題であるウイルス感染病理学や細胞の癌化機構に関する多数の学術論文を発表されたが、その他にも活発な文筆活動をされた。単行本としては岩波新書から出版された『ガン物語』がある。これは昭和三十八年（一九六三）に朝日新聞の依頼で連載したものをまとめたもので癌研究の歴史と進歩を一般の読者にもわかりやすく、興味を引くように解説されたもので好評裏に広く読まれた。その最後は先生が尊敬して止まない山極勝三郎（市川厚一とともに初めてコ

昭和49年大阪大学法学部同窓会創立20周年を記念して同会より阪大へ贈られた巨大な自然石　豊中キャンパス

釜洞総長はこの自然石を「青雲」と名付けた。その説明の石板には先生の自筆の「青雲」と自署が刻まれている。

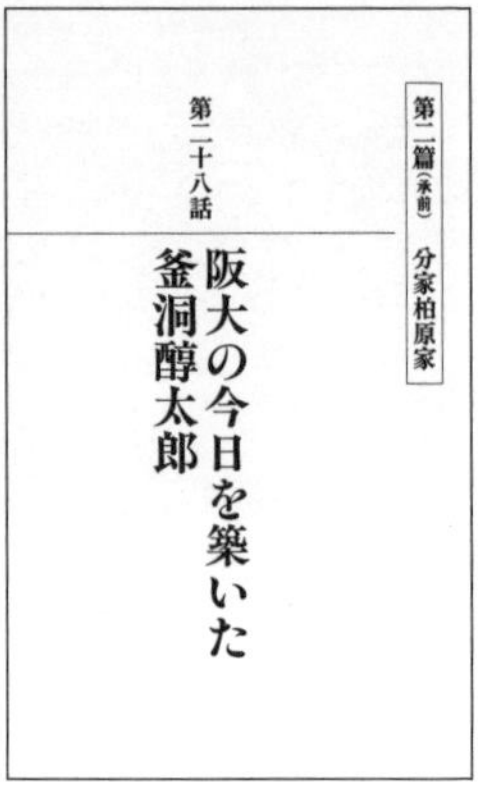


柏原及也『柏蔭物語』下巻Ⅱの第28話にある釜洞醇太郎伝記の扉

釜洞醇太郎『ガン物語』（岩波新書）の扉

ールタールによる人工発癌に成功）の伝記で結んでおられる。この伝記は昭和四十一年（一九六六）に「偉大なるガン学者山極勝三郎博士」と題する別冊としても発行された。おそらく先生はこの山極勝三郎の業績を原点として、4NQOによる培養細胞の癌化を目指されたのであろう。先生の後継者の一人であった角永武夫（元阪大教授、故人）は『ガン物語』に深い感銘を受けて先生の門下生となり、この4NQOによる培養細胞の癌化実験に取り組み見事に成功するに至った。

　先生の没後二年の昭和五十四年（一九七九）に文学部の山田信夫名誉教授を中心にして『青雲―釜洞醇太郎遺文集―』が出版された。これは『ガン物語』以外の先生の多くの遺文をまとめたものである。加えて先生に忘れ難い憶を抱く約七〇名もの人々の追悼文も載せられている。

　先生の奥様、百合子様の実家、柏原家は一六世紀にまで遡れる讃岐の名門であるが、ご一門には適塾出身の俊秀、柏原学而（百合子様のご尊父である柏原長弘は学而の孫）らの医家を始め多くの著名人を輩出している。そのお一人である柏原及也氏（元関東管区警察局長、現日刊警察新聞社社長）は柏原家家史『柏蔭物語』上下二巻を出版されたが、その中の第二八話「阪大の今日を築いた釜洞醇太郎」として一〇〇頁に及ぶ釜洞先生の伝記を執筆されている。これは偉大な先生のご功績、お人柄を知る上で最も好適な伝記となっている。

これらの著書を基にして、昭和二十八年（一九五三）以来の門下生としての私の思い出とともに釜洞先生の餘芳をお伝えできれば幸いである。

## 二　生い立ち

### 慈父との絆

釜洞家は岐阜県飛騨高山で代々農業を営む旧家であった。釜洞先生の父（盛太郎）は、祖父の意向を受けて県立師範学校に進み、郷里高山の小学校の教師として勤めた。父は地元の小学校の教員であった母（俊子）と結婚した。釜洞先生の令弟の医師、釜洞剛先生によれば母の曾祖

釜洞先生のご両親、弟妹とともに中央の子辰海軍軍医（飛騨高山時代の隣人）の送別記念写真
後列　釜洞盛太郎（45歳）、俊子（37歳）
前列向かって右より　伊都男（10歳）、醇太郎（12歳）、幽香（3歳）、辰丙（7歳）、鐵之介（7歳）、正元（11歳）
（大正11年12月5日、釜洞家蔵）

父野村健平は長崎で蘭学を学び、飛騨の国府を中心に種痘活動を行ったという。父は小学校の校長に任命されるが、当時の教育界の腐敗を嘆じて校長の職を辞して大阪に移った。七人の子供（男六人、女一人）をもうけたが、釜洞先生は明治四十四年（一九一一）辛亥二月二十三日、その長男として大阪で生まれた。市立丸山小学校を経て大正十二年（一九二三）府立住吉中学校の二期生として入学した。在学中は終始首席で通した。当時中学校は五年制であったが、成績の良い者は四年終了でも高等学校の受験が可能であったので、先生は四年終了の後、旧制大阪高等学校（大高）理科を受験して合格した。父は大阪では会社勤めや商売を試みるが何れも意に任せず、一家は故郷の家や山を売りながらの生活を余儀なくされた。父は子供達の教育には極めて熱心であり、先生の住吉中学校四年間には毎週のように授業参観に来られたという。サミュエル・スマイル

ズ（Samuel Smiles）著*Self Help*の中村正直訳『自助論』、『福翁自伝』、二宮尊徳の高弟富田高慶著『報徳記』などの読書を薦められ、しばしば史跡巡りにも連れて行かれ実地教育もされた。このような密着した父の教育は中学卒業まで続いたが、高等学校入学以降は静かに見守られるのみであった。そのような父の変化を先生は、「親の家庭教育は一五歳位まで全力投球すれば良く、あとの社会学は自分で体得すべきもの。」という父の信念に基づいたものであったようだと推察している。このような厳父であるとともに慈父でもあった父を懐かしむ先生の思いは深く、先生の文集の随所にその思い出が述べられている。そして先生にとって終生心に響き続けた父の言葉は論語の「君子は義に喩り、小人は利に喩る。」であった。

## 三　大阪帝国大学医学部卒業後、軍医として戦地へ

### 大阪帝国大学医学部へ

大阪帝国大学医学部は天保九年（一八三八）に遡る適塾に端を発したわが国で最も歴史のある

医学校の一つであるが、理学部と併せて大阪帝国大学となったのは昭和六年（一九三一）であった。その年を阪大創立の年として平成十三年（二〇〇一）は創立七〇周年にあたり、五月五日、六日の両日にわたり大阪国際会議場において盛大な記念行事（記念コンサートには釜洞先生の令弟剛先生の息女、裕子さんがソプラノ歌手として出演された。）が行われた。創立の翌昭和七年（一九三二）に釜洞先生は医学部に入学された。釜洞先生が医学部に進まれた動機は、自著にも書いておられるように医学が好きで入ったのではなかったようである。大高時代に自然科学者の伝記に興味をもつようになり、理科系とは考えていたが、なかなか好きな科目が決まらず、結局「父が肺結核であったから結核と闘おうというつもりで医学を志した。」と述べておられる。

時の初代総長長岡半太郎を畏敬しておられた先生は是非長岡総長に直接お目にかかりたいと考えて一新入学生ではあったがいきなり宿舎を訪れパジャマ姿の総長に会われて総長の座右の銘を聞かれた。その時の総長の答えが「在学中、教授のノートをとるな。」であった。それを実行した先生は、細菌学の谷口腆二教授の口頭試問の際に「おれのノートを取らなかったな。」と大喝一声された由である。後年その谷口教授に請われて微生物病研究所の病理部門を担当されるが不思議な縁の発端でもあった。長岡総長の言葉に「勿嘗糟糠」（「糟糠を嘗むる勿れ」常に独創的であれの意。その扁額が附属図書館生命科学分館にある。）があるが、先生はこの言葉を肝に銘じておられ「これを忘れて大学に何がある。」と述べておられる。

阪大医学部時代同級生（昭士会）とともに　昭和9年5月5日　後列左より釜洞醇太郎、西村達三、岡部英彦、前列左より小倉勝也、小上為治、小川光圀、野木一雄、緒方誠一（野木一雄先生にご教示いただいた。）右上の写真は住吉中学在学中のもの『青雲』より転載

## 中国方面へ従軍

昭和十一年（一九三六）三月医学部を卒業後、第一病理学教室の木下良順教授に師事され、もっぱら病理解剖に従事された。同年十二月陸軍軍医候補生となり、翌昭和十二年（一九三七）軍医中尉として大阪の歩兵第八連隊に入隊された。同年七月盧溝橋事件に端を発する日中戦争が始まるや満州各地に出動された。昭和十六年（一九四一）十二月太平洋戦争が始まり、翌年満州より中国の広東省に移り約二年間の従軍後、昭和十九年（一九四四）桂林・柳州攻略作戦に軍医部長として従事された。先生の手記「梧州の夢」によると「柳州南方二〇キロの地点でゲリラ部隊の襲撃にあい死傷者を出し、私も左大腿部貫通銃創を受けた。中略　付近の民家に担架で運ばれながらふと素逝（俳人）の句を思い浮かべ

た。〈かかれ行く担架外套の肩章は大尉〉」。その時先生は軍医大尉であった。被弾が一〇センチ上の腹部であれば致命傷であり、正に九死に一生を得られたのである。その民家で見つけた英語で書かれたレ・ミゼラブルをむさぼるように読みふけり、ビクトル・ユーゴーの人間愛に感動されたことも述べておられる。

昭和二十年（一九四五）八月終戦を迎えた後も中国に残留しておられたが、翌昭和二十一年（一九四六）七月に上海より米軍の船で内地に引き揚げ、復員された。

## 四　大阪大学に復帰、微生物病研究所へ

大阪に復員された先生は三六歳になっておられたが、一〇年の空白の後、再び木下良順教授の病理学教室に復帰された。当時の心境を「妻なく、子なく、学位なく、助手でもない状態で、ゼロからの出発の思いであった。」と述べておられた。昭和二十二年（一九四七）ある出会いで柏原長弘の三女百合子様と結婚された。昭和二十四年（一九四九）に講師に昇任されるが、昭和二十二、二十三年頃には病理学の学生講義を分担しておられ、私も先生の明快な講義を受講し

た思い出がある。

こうして病理解剖と講義に寧日なかったある日、微生物病研究所（微研）の所長谷口腆二教授より呼び出しがあり、「微研に感染病理学の教室をつくってくれないか。今世界で微生物学と病理学をつなぐ学者がいないのだ。」と切り出された。先生の随筆「谷口腆二先生」によると先生は微生物の知識が皆無なのでその任にたえないことを述べてお断りされた。谷口教授は「そんなことは門前の小僧ですぐ上達するよ。是非決意してくれ。あるいは学部にいる君の出世の妨げになるかも知れないが。しかしここには優秀な若手の学者が集まっていて君は決して失望しないよ。」とつけ加えられた。先生の記述によると「殺し文句である。士は己を知る者のために死す。まことにオールドファッションかも知れないが、ここに私の人生は決まった。」とあり、こうして先生は昭和二十七年（一九五二）二月、助教授として微研に迎えられた。当時の微研は医学部病院に隣接しており、組織上では医学部と別個の研究所ではあったが、諸行事や人事交流など機能的には医学部と完全に一体化しており、医学部の細菌学教室も微研の建物内にあり、医学部の細菌学、ウイルス学、

木下良順先生　阪大医学部第一病理学講座教授の頃
（宮地徹阪大名誉教授ご提供）

谷口腆二先生　阪大医学部細菌学講座教授、医学部長、微研所長などを歴任
（奥野良臣阪大名誉教授ご提供）

寄生虫・原虫学などの講議には微研の関係する全教授が分担していた。医学部卒業生の微研部門への大学院進学者数も医学部の基礎部門を上回るものであった。

微研に移られた当初は、もっぱら微研病院で死亡した患者の病理解剖、財団法人阪大微研会臨床検査部の病理標本の作製と診断などを分担された。私は昭和二十八年（一九五三）四月に縁あって阪大の第二内科より釜洞先生の研究室の助手に迎えられたが、釜洞先生より人体病理解剖を手を取ってご教示いただいた。何度か関連病院の病理解剖にも解剖道具一式を携えてお供した。一方谷口教授の研究室では、奥野良臣助教授を中心にして人疾患よりウイルスの分離を動物を用いて試みておられたがその病理組織学的研究を依頼された。その最初は人の麻疹ウイルスの分離のため、麻疹患者の血液材料接種サルの病理組織学の研究であったが、ヒトの麻疹患者の病理組織像と同様の所見をサルでも見出しサルの麻疹ウイルス感受性を病理学的に立証するものとなった。同年十月に釜洞先生は教授に昇任され感染病理学部門を担当されるが、谷口研究室更に昭和三十一年新たに新設された奥野良臣教授の麻疹部門に対する病理学的な研究協力は続いた。このような経緯もあり、釜洞研究室で大学院を終えた高橋理明、豊島久真男の両名を奥野研究室の助手に迎えていただく人事交流にも発展した。後年、高橋理明は奥野教授の後継者として、豊島久真男は釜洞先生の腫瘍ウイルス部門の後継者として教授に就任し活躍するに至った。

このように当初釜洞研究室は微研病院の病理解剖や各部門の研究を病理学的に支援協力する部門として期待されていた。昭和三十年（一九五五）初期にポックスウイルスの新たな封入体の発見とそのウイルス学的意義の研究が展開するにつれて人体解剖より手を引くに至った。上述のように奥野教授の研究室におけるウイルスワクチン開発における安全試験のための病理組織学的検査は引き続き担当したし、阪大微研会臨床検査部の病理標本の作製と診断は昭和四十八年まで行われた。

昭和三十三年（一九五八）四月に先生は微研所長に就任されるが、昭和三十九年（一九六四）三月に至る二期六年間所長を務められた。同年六月、先生の所長時代に文部省に新設を申請していた腫瘍ウイルス部門が認可されるや自ら新部門に移り、感染病理学部門は私が担当することになった。先生が阪大総長に就任されたのが昭和四十四年（一九六九）六月であった。すなわち先生が教室員と密に研究生活を共にされたのは、感染病理学部門では微研に迎えられてより所長に就任されるまでの六年間と腫瘍ウイルス部門では総長に就任されるまでの五年間であった。

研究室では教室員の自主性を尊重され全く自由な雰囲気で研究が進められた。感染病理学部門では、麻疹の感染病理学を明らかにして、麻疹の病態とともに麻疹ワクチンの開発にも側面的に協力するものとなった。これら麻疹の病理学的研究に対して昭和四十八年（一九七三）武田医学賞を受賞された。又ポックスウイルス、ヘルペスウイルスなどの感染細胞内に特有の封入体が形成され、診断上のマーカーとなっていたが、そのウイルス学的意義を明らかにした。特にポックスウイルスの封入体については新たな封入体の発見とともにA、B二種類の封入体に分類しその機能を明らかにした。これらの封入体に関する研究は、ウイルス感染病理学上の独創的な業績として評価された。腫瘍ウイルス部門では4NQOによる培養細胞の癌化に成功するとともにパポーバウイルス、トリ肉腫ウイルスなどによる細胞の癌化機構の解明に著しい貢献をした。特に前者の研究に対しては実験を担当した角永武夫とともに高松宮妃癌研究基金学術賞を受賞された。

## 五　阪大総長就任と大学紛争への対処

岡田實第八代阪大総長の時代に学生運動の火の手が全国の大学で上がり始め、阪大も例外ではなかった。昭和四十四年（一九六九）に入り、豊中キャンパスの教養部に始まり、各学部は次々に封鎖されて団交も総て決裂した。岡田総長は度重なる団交による過労から、持病の高血圧症が悪化して、ついに入院のやむなきに至った。同年五月十四日総長退任により評議会は総長代行候補として釜洞先生を選んだが、先生の高血圧と糖尿病を知る微研教授会としてはその激務に耐えないとしてお断りした。その後山本巌歯学部長、理学部本城市次郎教授らが総長代行として務められたが過激派学生による封鎖は進行し続けた。

阪大評議会は改めて全学教授による総長選挙を実施して釜洞先生が総長に選出された。私達門下生はもとより、微研教授会としても先生の体調を懸念したが、先生は毅然として受諾され、昭和四十四年（一九六九）八月二十六日総長に就任された。「大学は教育・研究の場であり、それ以外の何物でもない。」という信念に基づき、大衆団交は誤りであると断じて、学内における

釜洞総長は常に学生とのふれあいを大切にされた。総長に就任された年（昭和44年）に教養部にて学生とともに。『青雲』より転載。

釜堂先生還暦祝賀会にて門下生とともに先生ご夫婦（昭和46年）
前列向かって右より　大島（牧）義子、野間口（長谷川）博子、釜洞百合子、釜洞醇太郎、岩　恭三、新居志郎　後列向かって右より　上西彬夫、豊島久真男、森輝明、森田兼光、近藤満雄、稲森啓三、大和田幸嗣、村田芳明、柳田隆穂、小川真琴、加来弘臣、岩瀬正臣、竹内昌男、印具　真、宮本博行、岸田綱太郎、高橋理明、角永武夫、三浦貴士、羽倉　明、馬場英三、加藤四郎、佳波正樹

団交要求に応ずることを禁じた。熱心な大学評議員会の討議を経て学部を越えた協力態勢を作り、十一月十六日、警察機動隊導入により一挙に封鎖を解除した。総長就任後五ヵ月間の苦闘の成果であり、総長の阪大を愛し、学生を愛する心情より出た非常手段であった。教養部ロ号館前のピケの現場に単身で赴かれ竹竿で殴られたこともあったという。やがて釜洞総長の心情は学生達にも理解されていった。正にあの阪大の混乱期にあって的確な対応のため時代が求めた唯一人の総長であったと言える。

高松宮妃癌研究基金学術賞受賞
昭和46年2月22日

釜洞先生退官記念式典後、ご家族（百合子夫人、俊雄君、淑子さん）と共に。昭和50年9月13日『青雲』より転載。

阪大医学部昭和25年卒のクラス会「だるま会」へ贈られた。

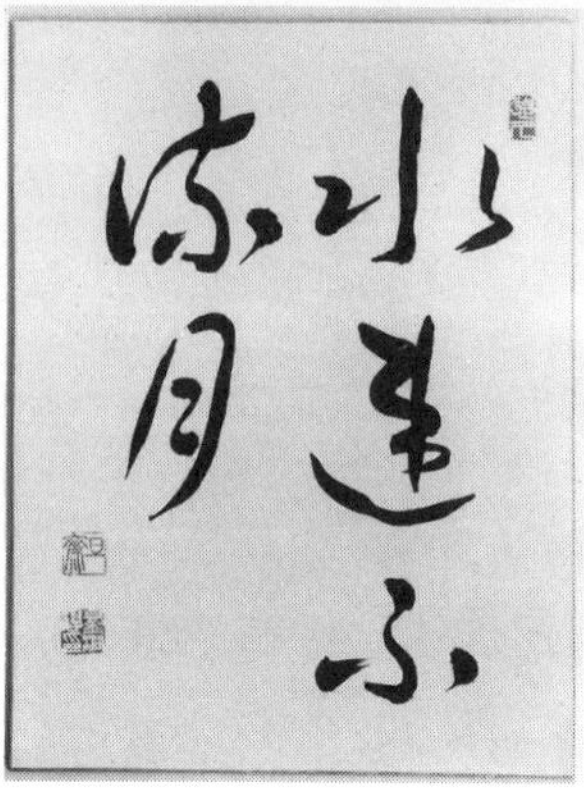

政財界文化人書道展に出品されたものの複写（釜洞家提供）

## 釜洞先生の書

政財界文化人書道展に出品されたものの複写。先生は旦斎と号されていた。先生が気に入っておられた書。釜洞家提供。

続いて釜洞総長は理想の大学像を目指して改革に取り組まれるが、具体的な成果としては、人間科学部、溶接工学研究所という何れも日本で唯一の部局の創設、言語文化部、日本学講座の創設などがなされた。又阪大の原点とも言うべき「適塾」の建物は昭和三十九年（一九六四）に重要文化財に指定されているが、老朽化が進んでいた。釜洞総長はその修復復元に極めて熱心に取り組まれた。昭和四十七年（一九七二）大阪大学適塾管理運営委員会が設けられ、文化庁との度重なる折衝の結果、昭和五十一年（一九七六）より解体復旧工事が始められ昭和五十五年（一九八〇）三月に周辺の公園化とともに見事に復元された。

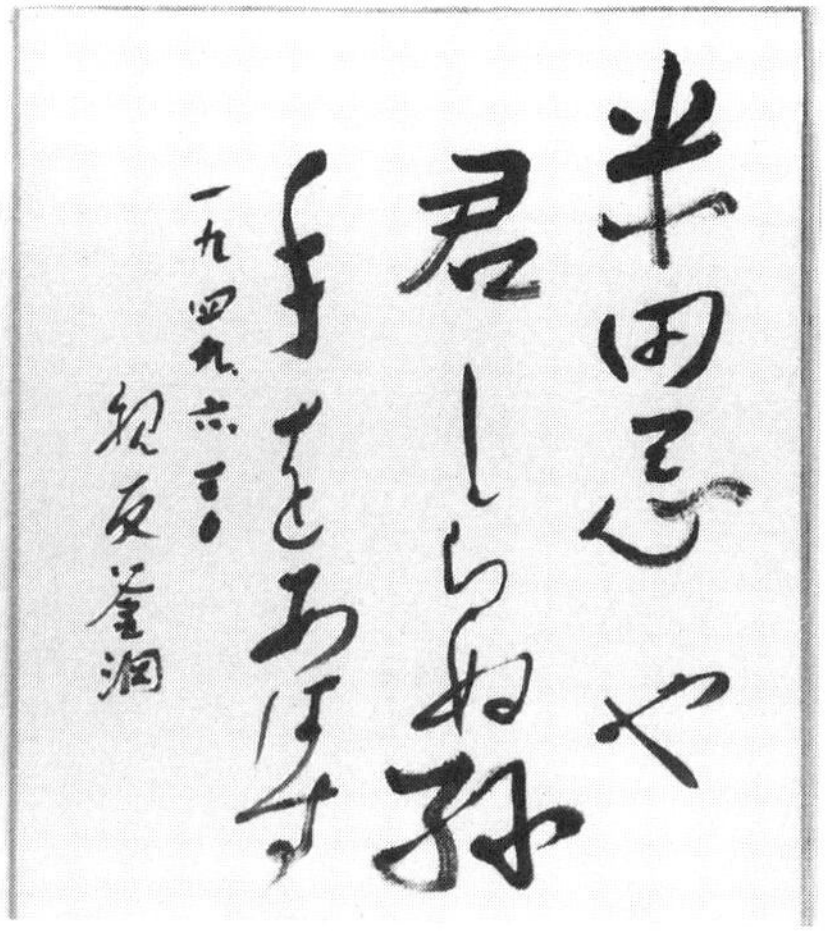

住吉中学時代の友人米田権之亟氏７回忌での献句
『青雲』より転載

釜洞先生の持病の糖尿病は、総長就任後急速に悪化したようで、『柏蔭物語』によれば昭和四十八年（一九七三）夏には糖尿病性網膜障害によると見做される視力低下が始まったが、その八月総長に再任された以降さらにその進行は促進された。翌昭和四十九年（一九七四）の夏には網膜剥離により視力障害は著しいものとなった。昭和五十年（一九七五）三月には糖尿病による右足の壊疽が始まっている。入退院を繰り返されながらも総長としての任を果たされ八月二十五日に阪大総長を辞されるとともに退官された。

ご退官後僅か二年目の昭和五十二年（一九七七）四月十三日六六歳で殉職とも言うべき最後を遂げられた。まだまだ阪大が必要とした先生のあまりにも早いご逝去であった。

加藤　四郎（かとう　しろう）

大正十四年大連生まれ。昭和二十五年大阪大学医学部卒。同第二内科研究生を経て昭二十八年大阪大学微生物病研究所（阪大微研）助手、昭和三十一年同助教授、昭和三十二年米国スタンフォード大学医学部客員研究員、昭和三十九年阪大微研教授、昭和五十五年（昭和五十九年まで）同所長、平成元年大阪大学名誉教授。適塾記念会理事。日本ウイルス学会会長、理事長を経て名誉会員。日本癌学会名誉会員。海外渡航者健康管理協会理事。（財）ルイ・パストゥール医学研究センター理事、平成元年住友化学工業㈱顧問、平成五年（平成十一年まで）住友製薬㈱顧問。昭和五十五年高松宮妃癌研究基金学術賞受賞。

著書　『病原ウイルス学』（編著）金芳堂、一九八九年
『ジェンナーの贈り物』菜根出版、一九九七年　など。

# 第十代総長　若槻　哲雄

江尻　宏泰

## 一　原子核の光を求めて

第十代総長の若槻先生は大阪大学の第一期生である。ご専門は原子核物理で四〇年に亘って原子核の研究と教育に活躍された。大学紛争の大変な時期に理学部長を務められ、一九七五年八月からの四年間総長として広く大学の発展に尽力された。

先生が原子核研究を始めたのは一九三〇年代の半ばで、ちょうど原子核研究の草創期にあたる。初代総長の長岡先生は原子核モデルで高名な原子核物理学者である。一九三二年の陽電子と中性子の発見やニュートリノ予言など、原子核物理のスタートともいえる大発見に若い先生の胸が踊った。翌年、原子核にあこがれ原子核を究めるべく大阪大学理学部に入学する。入学式の時、長岡総長に一人一人握手された時は大変感激したと言う。創立当時の大阪大学には全国から新進気鋭の原子核研究者が集まって来ていた。その中には原子核実験の菊池正士先生や中間子理論で後にノーベル賞を授与された湯川秀樹先生など世界的科学者が少なくない。

理学部ではいち早くコッククロフト高電圧装置や谷口工業奨励会の寄附金によるサイクロト

ロン等の加速器が造られ、原子核の実験研究が始まった。その中にあって若槻先生は中性子が原子核に吸収された時に出るガンマ線（高エネルギー光）や、原子核による散乱などの数々の先駆的研究を行った。そしてついに中性子が原子核の中を通ると光の様に回折することを明らかにした。この発見は後に原子核における光学ポテンシャル模型として発展する大変重要な研究である。

中性子回折の発見を生んだ手作りのコッククロフト高電圧装置（加速器）と研究室の人々。後列左端が若槻先生、右端が青木（熊谷）寛夫氏でその左が菊池教授。前列左端は伏見康治氏。

太平洋戦争のときは兵役につき一時研究は中断する。終戦後アメリカ軍は原子核研究用のサイクロトロンを原子爆弾用に使われることを恐れた。そこでサイクロトロンを大阪湾の海中に捨ててしまった。戦後の苦難の中にあって、杉本健三氏らと力を合せ、バンデグラフ加速器を完成させて、研究を再開させる。一方、アメリカ側は科学に無知な軍関係者の暴挙を恥じサイクロトロンの再興を強くサポートする。財界と国（国民）の協力により一九五二年には世界第一級のサイクロトロンの建設がはじめられた。そこで中心的役割を果たしたのが若槻先生である。

一方、全国共同利用の原子核研究所を東大付置として造ることになる。そのため菊池先生はじめ多くの原子核研究者が大阪から東京に移る。一方、阪大には原子核研究施設が新設された。一九五六年には最新のサイクロトロンが完成し、若槻先生の指導のもとで原子核研究が再開された。

若槻先生が始めた研究は原子核分光法による原子核構造の研究である。サイクロトロンで加速した陽子を原子核に当てて原子核を励起し、出てくるガンマ線を調べる。一九五七年に全国共同利用の東大原子核研究所でサイクロトロンが完成し、若槻先生をリーダーとする阪大グループは早速非弾性散乱によるガンマ線の研究を行った。これらのサイクロトロン加速器によるガンマ線研究は当時は大変難しい実験であった。先生は手造りの測定器を用い、頑張り抜いてついに成功させた。この新しい方法はその後の世界原子核構造研究の主流となる。先生は原子核物理の草創期に、サイクロトロン加速器とガンマ（高エネルギー光）分光法という新しい方法で核物理を切り開いていったと言える。

先生が阪大で研究を再開されて間もない一九五九年頃、ある物理学会で初めて先生にお会いした。私の発表の後、先生が来られて「今発表した原子核構造の図を一寸貸してほしい」と言われた。そして先生は私の図を使い私の研究結果と比較しながら先生の御研究を発表された。当時私は東大の大学院の修士課程で偶然に同じ原子核を別の励起法で研究していたのである。その時は先生の自然な挙動と嬉しそうに発表する瞳の輝きが大変印象に残った。その後先生の独創的な研究や学者としての姿勢に惹かれるようになる。一五年後先生は総長に就任され、奇しくも私が先生が担当してこられた名門の原子核物理第一講座を引き受けることになった。

## 二　世界の原子核のＣＯＥを目指す

若槻先生の研究のキーワードはガンマ線（高エネルギー光）とサイクロトロン（加速器）である。サイクロトロンで加速された高エネルギーのイオンで原子核を励起し、出てくるガンマ線を分光分析して、原子核の構造を明にする。研究の特徴は自分で実験装置を造り、世界のフロンティアに挑戦することである。先生は次々に測定器を製作、改良し、サイクロトロンの性能向上と更新につとめ、大阪大学を世界のＣＯＥ（Center of Excellence：卓越せる研究拠点）にした。

先生の研究がスタートした頃の中之島の実験室の写真と実験データの一部を左頁に示す。

先生は実験研究を開拓するのは、新たな実験装置であるという信念のもとに、原子核実験の中心的装置であるサイクロトロンの改良と新型サイクロトロンの構築に尽力された。戦後いち早く、本格的サイクロトロンを中之島に建設し、実験を再開したことは前に述べた。しかし、実験再開後まもない一九六一年夏の第二室戸台風で中之島の理学部一階にあったサイクロトロンは水没することになった。先生の指揮のもと全員が復旧にあたった。大変な作業なのに皆が一丸となって実に楽しそうに復興の作業にあたった。このことは実験装置の建設でも徹夜の実験でもそうである。先生と一緒にいる時、人々は皆和気あいあいとして良く働いた。先生の人徳というべきであろう。

間もなく理学部が豊中地区に移ることになり、サイクロトロン関連の全装置の引越しと改良が始まる。豊中地区に完成した第一級の可変エネルギーサイクロトロンを224頁に示す。バンデグラフ加速器や質量分析機も新設された。先生は一九五九年から総長になるまで一五年にわたり原子核研究施設長を勤め、理学部の原子核研究は大きく飛躍することになる。この間先生の指導でケンタッキー大学や東大核研でも核分光研究がスタートする。

若槻先生が一九六〇年にワシントン大学（シアトル）を訪問された時、サイクロトロンによるガンマ線分光の話をされ、欧米の核科学者の興味を引いた。数年後には、ヨーロッパでわが国の森永晴彦教授らはサイクロトロンによるガンマ分光による中重核核の研究を世界で最初に成功させた。これがインビーム核分光として全世界に行きわたった研究法である。

当時の理学部原子核グループには若槻研の他に山部（昌太郎）研と杉本研があった。まとめて若杉山と言い一つのグループをつくっていた。中ではかなり自由でお互いにフェアな競争と協

中之島時代の実験室
若槻先生と原子核分光用のガンマ（高エネルギー光）検出装置

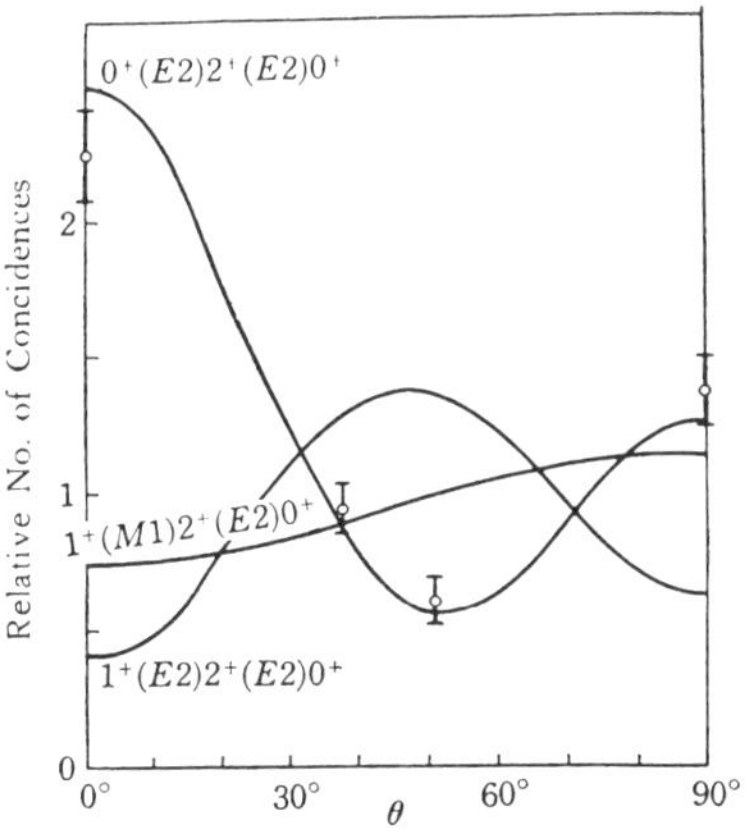


$^{32}$Sのガンマ線の角相関データ
核分光法による原子核構造の先駆的研究の１例（1960）

豊中地区（理学部）の可変エネルギーサイクロトロン

力をしながら研究に励んだ。最近言われ出した大講座制を四〇年前に先取りしていたのである。

実にユニークな多くの人材が若槻先生の下で育ち学界や産業界で活躍している。皆、物造りが得意である。新しいアイデアで最高の実験装置を開発し独創的研究をする。研究とは自分の手と自分の頭でするものということを先生は身をもって示されたからである。したがって研究を規制したり、枠をはめたりすることは全くなく自由で開放的であった。

先生のこのような自由でフェアで独立性を重んじる研究スタイルは、研究を活性化し、独創的研究を育てる原動力となった。先生の学者としての学問と人間のスケールの大きさがそれを可能にした。ちょうど阪大創立時に全国から優れた原子核研究者が集まって来たように、またも全国から新進の研究者が阪大に集まり、自由競争のもとで活発な研究が行われた。また、阪大出身の多くの優れた研究者は全国に散らばり、各々の所でユニークな研究を発展させた。この様な研究室のスタイルは、後で述べる吹田地区の新設核物理研究センターに持ち込まれ、自由

大阪大学原子核グループとの遠足
前列右から２人目が若槻先生、その右が筆者

で活発な世界の研究センターが生まれる素地を造ったといえる。

若槻先生の人材育成でユニークなのは体力造りである。研究室ではよく山登りやハイキングをした。先生は決して先頭を行かない。しかし暫くすると何時の間にか先頭グループの中にいる。原子核の実験では放射線防護のためのコンクリートをクレーンで移動したり、大型の装置を組み立てたりするので何かと体力がいる。先生は山登りで研究室の人々の体力を鍛えた。研究室の人々との遠足の写真を上に示す。総長になってからの入学式の式辞にもこんな言葉がある。「どんな志をたてても健康でなければ成就しません。自主的に勉学思索に励むと共に大いに身体の鍛錬にも留意して欲しい」。

一九六〇年の半ばになり全国的に次の原子核将来計画の議論が起こった。共同利用の東大の原子核研究所

全国共同利用の核物理研究センターAVFサイクロトロン（大阪大学吹田地区）

のサイクロトロンも阪大の原子核施設のサイクロトロンも一〇年以上たち、少々旧式になってきたからである。若槻先生をはじめとする阪大原子核グループは大阪に最新式のサイクロトロンを建設することを提案した。それを中心に全国共同利用の研究所を設立しようと言う計画である。当時全国の核物理のまとめ役の低エネルギー（核物理）委員長が先生で、先生のリーダーシップのもと新計画が進んだ。

阪大グループの実力と全国のサポートにより一九七一年に全国共同利用の核物理研究センターが発足する。これを機に全国から活発な研究者が大阪に集まった。私も欧米の研究生活を終え、東大（核研）から大阪（理）に移りこのプロジェクトに加わる。山部センター長のもと、センター、阪大はじめ全国の研究者の努力と協力により、一九七五年には最新型のＡＶＦサイクロトロンが完成し、大阪は全国の核物理の中心（ＣＯＥ）になる。ＡＶＦサイクロトロンの写真を右に示す。これも設立当初からの若槻先生の先見の明とご尽力によることが大きい。

なお、核物理センターでは一九八六年に世界最高のリングサイクロトロン計画がスタートした。一九九〇年代にはSpring8でのレーザー電子光によるクオーク核物理プロジェクトや大塔地下観測所でのニュートリノ核物理研究が加わった。こうして大阪は核物理の国際センターとなる。菊池先生が種を蒔き若槻先生が育てた苗木が大樹に成長したといえよう。大阪に生き世界に伸びた原子核研究は、世界に生き、研究対象は宇宙に伸びつつある。

## 三　大学紛争から理学部を守る

一九六〇年代、若槻先生がはじめた核反応分光法による原子核構造の研究は、世界的に華々しい進展をとげた。ケンタッキー大学でも先生の方法の研究が大きく成長し、大阪大学に帰られてからも、先生は精力的に研究を発展させた。先生の研究生活の中でも最も充実した時期であったように思う。次頁にケンタッキー大学の学長から歓迎を受ける先生御夫妻の写真を示す。

しかし、このような研究に専念出来る時期は永くは続かなかった。一九六〇年の終わりから一九七〇年代の初めにかけて世界的に大学紛争の嵐が吹き荒れたからである。

ケンタッキー大学で、学長の歓迎を受ける若槻先生御夫婦

大阪大学でも一九六八年頃から大学紛争が起こり、研究と教育に重大な危機が訪れた。一九六九年七月本城理学部長が総長代行になられ、先生は理学部長事務取扱に就任する。ついで一九六九年十一月から三期五年にわたり理学部長として理学部を指揮し、大学紛争から研究と教育を守るため大変御苦労された。理学部では先生の率いる原子核施設が最後の砦になり理学の府を守り通す。

若槻先生は学問と教育について確固とした信念を持ち常に毅然とした態度で臨まれた。理学部の殆どの教員は先生を中心に一致団結して事にあたる。紛争を通し多くの人々は先生の中に真のリーダーの像を見た。

ある時先生は理学部の大講義室で理学部長としての考えを全学生に述べられた。無理難題を主張する学生側の挑戦を正面から受けて立ったのである。先生は諄々と学問と大学のあり方を説き一歩も引かない。ついに学生は言論でなく暴力で応じ、先生を取り囲んだ。学生の包囲から先生を救い出だす際、先生ご自身驚くべき力を出された。原子核実験と山で鍛えた体力が物を言ったわけである。学部長室にお連れした時先生は何事もなかったかの様に笑顔で皆に礼を言われた。改めて教官も学生も先生の腕力と胆力に感服する。

先生は第二次世界大戦の一時期軍務に兵卒として徴用された。先生の年代で軍隊の経験者は少なくないが中には多くの将校がいた。しかし先生はやがて学界でも大学でも大将として慕われ統率するようになる。大学紛争は先生が学問だけでなく大学行政でも人間的にも将の将たる器量の持ち主であることを示すことになった。

しかし教官が全て学部長に協力的であったわけではない。ある年の入学試験当日、監督や警備を依頼された教官が集まっている所へ先生が来られた。突然ある教官が入試に協力できないと言いだした。先生は「そうですか」と受けながす。なおも「文書で正式に解答してほしい」と食い下がる。先生はその旨をさっと紙に書いて渡された。初めから勝負になってない。

大学紛争をとおして教官同志が学科や学部を越えて交流し協力するようになる。真剣に大学のあり方を議論したり一緒に酒を飲む機会も増えた。若槻先生はこの様になったことをことのほか喜んでおられた。ただし先生ご自身は酒場で飲み明かすことはほとんどなかった様に思う。梅田に阪大の先生方がよく行くバーがある。最近そこに行った時、よく飲みに来られた阪大の教授の方々の話題が出た。若槻先生のことをもちだすとマダムは「あの真面目な先生ね」と一ことだけ言われた。何十年も前に一度来ただけだけどという。

サイクロトロンの制御室

大学紛争の時期、しかも理学部長という要職にありながら、先生は寸暇を惜しんで学問や教育に打ち込まれた。先生の学問を愛し、大学の研究と教育の発展を願う情熱が、大学を紛争から守ったとも言える。先生はよく実験室に来られ、核反応分光の研究を自ら行い、また実験施設の充実に尽力された。若槻先生が最も好んでおられた所の一つにサイクロトロン制御室がある（上図）。また、一九七〇年代のはじめボーア教授（ノーベル賞）御夫妻がサイクロトロン実験室を訪れ（左頁の図）、皆と活発な議論をした。

先生は理学部長に引き続き三期選ばれたが、三期目は、全期間（二年）を務めなくてもよいと言うことで、一九七四年末に任期半ばで辞退された。再び学問と教育に全力投球したいと言う強い願いによる。しかし、これもまたあまり続けることはできず、半年後には総長に選ばれ全学のため尽力されることになる。

サイクロトロン棟の前でボーア教授（ノーベル賞）と若槻先生を囲んで
左より板橋、平山、丸森、杉本、ボーア夫妻、八木、若槻先生、三浦、柴田、江尻の各氏

## 四　総長時代とその後

若槻先生は一九七五年八月から一九七九年八月までの四年間、第十代大阪大学総長の重責を担われた。総長になられてからは多忙を極め、好きな原子核の研究もままならなくなった。先生は実に献身的に大阪大学と全国の大学の発展と向上に尽くされる。

先生のお仕事は地味であるが暖かい心が通っていて、何時も大学全体に心を配り調和ある発展に尽力された。先生が総長として取り組まれたお仕事は、教養部改善、学寮問題、吹田キャンパス移転、人間科学研究科の創設、レーザー核融合研究

大阪大学卒業式の日のスナップ

センターの設置、国際交流会館の新設、適塾の保存等多岐にわたっている。全国の国立大学長の会では常置委員会の委員長になり共通一次試験等の入試改善に努力された。

先生に時たま会うとじっと原子核の話に耳を傾け嬉しそうにしておられた。そんな時先生の方から総長としての大変なお仕事を語ることはない。大学の内外に多くの問題を抱え紛争の余波も残る中、黙々としてその解決に奮闘しておられた。この様な生活は一九七九年八月の退官まで続く。

先生の卒業式での式辞の一部を紹介する。「社会に出るにあたって心掛けて欲しいと思う事は一人一人が特徴ある個性的な人物になる事です。つまり、ある面では誰にも負けない力量を持ちオリジナリティを発揮する人になるよう心掛けることとです」。

先生の退官記念パーティーで一枚の俳画が出席者に配られた。「菊かおる友垣たのし今日の宴」。書道や俳画の達人であられる尚子夫人によるものである。退官を記念してまとめた本の題も『友垣』であり、本当に回りの人を大事にし、多くの友人や門下生から慕われた。尚子夫人による画と書を左に示す。

先生は総長を退官された後も関西セミナーハウスの理事長や大阪府の教育委員長等の要職に就かれ、教育に尽くされた。ある時先生の発案で最先端の原子核と宇宙についてセミナーが開かれた。全国から集まった多くの若い人々は目を輝かせて先生の原子核研究の発展の話に耳を傾けてた。また先生も私達の素粒子核や宇宙の話を熱心に聞いておられた。

一九八六年先生は原子核研究や大学の向上発展の功績に対し、勲一等瑞宝章を授与される（次頁写真）。御祝いの会場は各界から多くの人で埋めつくされた。どの人の顔も嬉しさで一杯であった。

退官記念パーティで配られた色紙

一九九三年度を迎え大阪大学は大学院重点化大学として大きく発展しようとしていた。一方、核物理研究センターは世界最高のサイクロトロンと測定装置が完成し、世界の核物理の中心（COE）として研究がスタートする。四月一日、私は核物理センター長を引き受けることになった。そして翌日の四月二日若槻先生は静かに永久の眠りにつかれた。

先生は八〇年にわたる御生涯を通して、研究者として、教育者として、そして人間としての本来の在り方を身をもって示された。

昭和61年5月8日宮中にて　勲一等瑞宝章親授

原子核物理にあこがれて阪大に入り、核物理を究め、大阪を世界の核物理の中心にまで持っていった。学問が好きで、多くの独創的な人材を育成した。大学紛争の荒波にもめげず、学問の府を守り、学生や教官に心を配り、フェアで自由な研究環境の実現に尽力された。若槻先生は、まさに大学人の原点を示していると言えよう。先生が御功績を通して国内外の大学や学問の発展の大きな潮流となって生きつづけていることを大変嬉しく思う。

先生の三人の御子様は各界で活躍している。理学博士の康雄氏は理研主任研究員を永く勤め、有機化学界をリードし、三牧陽子（阪大教授）さんは留学生や言文に、琴浦良子（大阪外専講師）さんは英語の分野で立派な貢献をしている。

先生を偲んで学術講演会が開かれた。その夜のパーテーで挨拶された尚子令夫人の言葉の一部をもってこの文の結びとしたい。

主人はよく徹夜で実験をしました。何かの理由で実験が中断した時は屋上に行って寝転んで星を見ていました。何でもこうして見る星が一番だそうです。総長時代は大学紛争の余波もありひどいビラが近所に何度も貼られました。暗くなってからよくビラを剥がしに行きました。私が水を入れたバケツを持ち主人が棒の先にたわしをつけて剥がすのです。

先生は最高の夫人に恵まれたと思う。

江尻　宏泰（えじり　ひろやす）

一九三六年生まれ。東大、理卒（一九五四）。東大、大学院博士卒。理学博士（一九六三）。東大原子核研究所（一九六三）、ワシントン大学（一九六七）、コペンハーゲン大学（一九六九）、大阪大学理学部助教授（一九七二）、カリフォルニア大学招聘教授（一九七五）、大阪大学理学部、（核物研）教授（一九七六）、同名誉教授（一九九九）。

この間、同原子核研究施設長（九年）、ラシオアイソトープセンター長（豊中、全学、四年）、核物理委員長（七年）、学術会議物理連絡委員（九年）、国際核物理MESON委員長（六年）、核物理センター長（一九九三――一九九九）、大阪大学評議員（一九九四――一九九九）等を歴任。ワシントン大学招聘教授（一九九九――二〇〇〇）、高輝度光科学研究センター参与（一九九九――）、国際高等研究所招聘学者（二〇〇一）。国際スピン物理委員、国際学会誌編集員、等。

専門は原子核、ハイパー核、ニュートリノ等の素粒子核物理研究。ニュートリノ核分光研究で一九九一年度島津賞。顕著な教授として二〇〇四年度オスマー賞（物理部門）

著書　『核分光法と核物理』（オクスフォード、英文　一九八九年）
『核子多体系』（編著、オクスフォード、英文　一九九八年）
『クオークレプトン核の世界』（裳華房、一九九八年）
『量子の世界』（編著・大阪大学出版会、一九九四年）　等。

# 第十一代総長　山村雄一

中馬一郎

# 一　生い立ち

山村雄一は大正七年（一九一八）七月二十七日、大阪市天王寺区生玉町六二番地で生まれた。父山村新太郎、母あいの次男であったが、長男が夭折したため実質長男として育てられた。父新太郎は旧姓を向山といい、東京高等商船学校（現、東京商船大学）出身の外国航路の船長であった。その父と、当時薬学専門学校在学中の母あいが結ばれ、あいが一人娘であったため、新太郎が婿養子となった。あいの父は大阪市の泉尾で薬種商を営んでいたが、高齢になったため番頭に店をゆずり、婿がほとんど家にいない娘とその二男三女と一緒に暮らすようになった。

母あいは常々「雄一、大きくなったら医者になりなさい、医者ほど人助けな仕事はありませんから」と言っていた。山村は、将来医学の道に進むようになったのは幼時から幾度となく聞いたこの言葉によると自叙している。なお、七歳下の弟好弘も阪大医学部に学び医師となっている。あいは長男を腸炎で失ったため、子供たちの健康には非常に神経質で徹底的な食事管理を行ったという。山村は、生涯刺身などの生ものを遠ざけたが、幼少時の食事管理が習慣となったのであろう。
大正十四年四月、大阪市立金甌小学校に入学した。小学校時代は生國魂神社の境内で遊ぶのに忙しく、予習復習は登下校の途中歩きながらすませたが、ずっと級長を通した。無口な父は「自分は話し下手なため、人生で損をしている」と思ったらしく、雄一には「何事もはっきり話せ」といい、家族全員の前でその日の出来事を大きな声でしゃべらされたという。

## 浪高時代

昭和六年（一九三一）四月、大阪府立浪速高等学校尋常科に入学した。父が浪高の生徒募集を新聞記事で知ったのがきっかけであった。

『山村雄一先生とその人脈』の扉。題字は赤堀四郎元総長。

浪高のキャンパスは旧教養部（大阪大学豊中地区）の場所にあり、競争率は約五倍だった。当時の学制は、小学校六年、中学校五年（四年修了で高等学校受験資格あり）、高等学校三年、大学三年（医学部は四年）であったが、浪高ほか数校は中高一貫で修業年限七年制をとり、中等課程の尋常科から高等

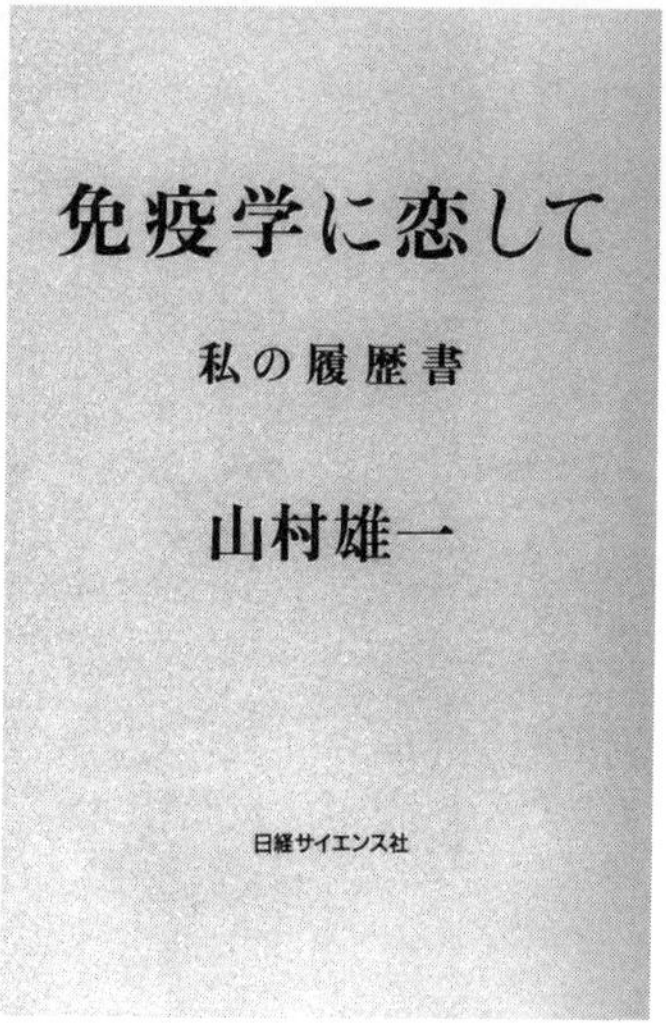


『免疫学に恋して私の履歴書』扉

科へは無試験で進学できるため、ゆとりを持って勉学できる特徴があった。高等科は医学部進学コースである理科乙類を選んだ（高等学校のクラス編成は、まず大きく理科と文科にわかれ、さらに選択第一外国語によって甲類［英語］、乙類［ドイツ語］、丙類［フランス語］の別があった）。

浪高では、青春を謳歌しつつも数学、物理学の教科に頭角をあらわした。物理学の先生は医師になるよりも物理学を専攻するようすすめ、級友も東大へ進学して物理学者になるものと思っていたという。

【付記】山村雄一の人物像に関係した資料として、

山村雄一著『免疫学に恋して　私の履歴書』日経サイエンス社、平成三年

螺良英郎編『山村雄一先生とその人脈』中山書店、昭和六十二年

がある。前者は平成元年十月一日から同月三十一日まで日本経済新聞に連載された内容に加筆

したもので、後者は山村と親交のあった一八八名が寄せた随想文からなり昭和六十二年八月に出版された。本章はこれらの二書に負うところが多い。

# 二　阪大から研究者の道へ

## 阪大生時代

昭和十三年（一九三八）四月、大阪帝国大学医学部に入学した。無試験であった。もともと高等学校の卒業者数と帝国大学の募集人員数とあまり差がなかったところへ、軍事体制とともに大学には航空、造兵、造船等の学科が増設されてそれらに人気が集まり、医学部志望者が激減したためである。この状態は終戦まで続いた。

阪大に入学するやいなや山村に烈しい失望が襲った。第一に貧弱なキャンパス、第二に記憶一辺倒を強いる講義であった。ただし二年生なって細菌学の谷口腆二教授の免疫学の講義が始まると、すっかり心を奪われ、英国の免疫学者 J.R.Marrack の著書 *Chemistry of Antigen and Antibody*, Churchill（一九三九年）、に魅せられた。さらに三年生になると第二の転機が訪れる。

大阪帝国大学卒業時
（昭和16年12月）

当時、阪大では夏休みに希望者が学外の病院で臨床研修するのを認めていた。そして山村が研修先に選んだのが豊中市にある大阪市立刀根山病院であった。そこには大学よりはるかに立派な研究室と人生の達人で酒豪の副院長渡辺三郎が待っていた。同病院は政府の要請によって大正六年（一九一七）に初めての公立結核療養所として設立されたもので、建設準備委員であった大阪医科大学長佐多愛彦は、所長は医師であるべきこと、研究室を必ず付設すること、病室に暖房を設けることを強力に主張し、準備委員長の助役關一もそれに賛成して、病院の規則第一条は「肺結核患者ヲ収容診療シ結核ニ関スル学術的研究ヲナス所トス」と異例の条文になった。初代所長には佐多の高弟で大阪医科大学教授に昇任したばかりの有馬頼吉が就任した。有馬は「病院にきた千人の患者を治しても世の中から結核を駆逐することはできない。しかし、研究をし治療法を見つけたなら、何百万人もの人を救える」と研究を重視し、市長となった關がそれを後援した。この病院で山村は悲惨な結核患者の実情を目のあたりにし、かつ患者を救うためには基礎的な

昭和12年頃の大阪帝国大学医学部基礎学舎

研究が必要であることを痛感したのである。

## 海軍時代

昭和十六年（一九四一）十二月、戦時体制に伴う文部省令により三カ月の繰り上げ卒業をした（翌年から終戦まで大学の修業年限は六カ月短縮となった）。そして海軍短期現役を志願した。当時ほとんどの卒業者はどこかの教室（講座）に籍をおいて従軍したが、山村はどの教室にも籍を置かなかった。海軍から帰ったら理学部に行こうという考えが根底にあったからという。

昭和十七年一月、大槻園枝と結婚した。媒酌人は渡辺三郎夫妻であった。同月海軍中尉に任官、所定の訓練を受けた後、七月には一等駆逐艦「文月」の軍医長となった。文月は山村が離艦した後の昭和十九年二月撃沈され、戦友の大半は戦死し

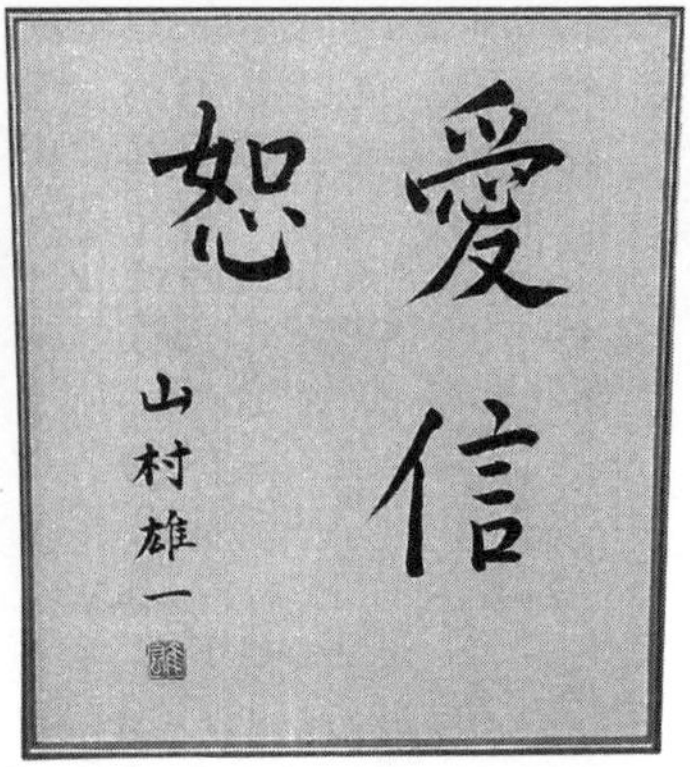


「愛、信、恕」も山村の人生訓の一つで、揮毫を求められるとよくこの色紙を書いた。（濱岡利之名誉教授蔵）

た。山村は晩年友人たちから贈られた文月の模型を書斎において彼らの冥福を祈っていた。終戦直前、戦艦「大和」による海上特攻作戦が行われたが、護衛にあたる駆逐艦の軍医長候補として別府海軍病院にいた山村があげられたことがある。当時海軍軍医学校にいた木村大佐は「山村は将来の逸材であるから、免除してくれ」と候補者名簿に捺印しなかったという。山村がこの事実を知ったのは、阪大総長になる直前のことである。彼は海軍で多くの人生訓を得たと述懐しているが、その一つは「人事を尽くして天命を待つ」のではなくて「天命を待って人事を尽くす」である。

昭和29年頃の刀根山病院。研究室は手前の鉄筋建物の中にあった。

## 刀根山時代

終戦、復員しても山村には帰るべき大学の教室はなかった。とりあえず学生時代に世話になった刀根山病院を訪れた。病院の設置母体は大阪市から日本医療団に変わっていたが、院長に昇任していた渡辺三郎はこころよく迎え、山村は昭和二十年（一九四五）十月日本医療団刀根山病院臨時医員に採用された。翌二十一年一月のある寒い日、渡辺が「これから西宮の海清寺に酒を飲みに行くが、君もどうか」と誘った。海清寺についてみると先客があった。阪大医学部生化学教授市原硬と理学部有機化学教授の赤堀四郎だった。酒を酌み交わしつつ先輩の話を聞いているうち、山村は赤堀こそ自分の師だと思った。そして専修生にしていただけないかと頼み込んだ。赤堀

昭和27年4月、第27回日本結核病学会（大阪中央公会堂）において「結核菌の物質代謝」と題して特別講演を行う。

は簡単に「いいよ」と返事し、四月から二年間赤堀研で研究することになった。

山村は昭和二十三年四月、厚生省所管となった刀根山病院の正式医員となったが、院長渡辺は時間があれば赤堀研で研究を続けることを許可した。当時の刀根山病院は研究室のスペースが広く、最新の研究機器も備えられていたので、山村はここに狭隘に悩んでいた赤堀研の分室を作ってはどうかと考え、両責任者の許可を得て、医学・理学の混成研究チームを発足させた。このチームから、後に世界的に活躍した多くの研究者が輩出した。昭和二十四年四月、刀根山病院に大阪市立医科大学付属刀根山結核研究所が併設され、渡辺が所長と教授を兼務することとなった。山村は助教授を兼務し、二名の助手とともに本格的に結核の研究を開始した。

研究対象として山村がまず取り上げたのは「結核性空洞」であった。肺結核が進行すると肺に大小の空洞ができる。この空洞は結核菌の感染源であり、喀血の原因となるもので、肺結核治療の最大の障壁であった。山村はこの空洞形成のメカニズムの解明こそが先決課題であると考え、当時世界のどの研究室でも成功していなかった人間と同じ空洞を持ったモデル実験動物を作ることから始めた。そして二年後、あらかじめ結核菌で感作したウサギに結核死菌、あるいは結核菌から抽出したリポ蛋白質を注射すると一〇〇パーセント結核性空洞ができることを実証した。この成果を提げて山村は昭和三十年から約一年半米国、欧州の著名な結核研究施設を歴訪し、空洞作成実験を供覧した。かくして遅延型アレルギーによるこの空洞は「山村空洞」とも呼ばれ、世界的に知られるようになった。なおこの研究により山村は昭和三十五年（一九六〇）朝日賞を受賞している。

## 九州大学時代

外国出張から帰国して間もない昭和三十二年七月、九州大学医学部長沢田藤一郎が山村を訪れた。同医学部医化学教授に招聘したいとの申し出であった。山村は困惑した。一カ月ほど前に阪大微生物病研究所の結核部門の教授に就くことを内諾し、夏休み明けの九月には微研教授会で正式決定されることになっていたからである。山村は微研の了解が得られるなら考えると返事をした。一方微研はそのような話を認めるわけにはいかなかった。九大医学部長は微研と交渉しつつ赤堀四郎にも山村説得方を依頼し、急遽福岡に帰り、緊急教授会を開いて山村の採用を正式決定してしまった。進退窮まった山村は赤堀に相談した。微研からも意見を求められ

九大医化学教室同門会会員。前列の左から５人目が山村。この中から国際的な業績をあげた研究者が多く生まれた。

ていた赤堀は、最終的には山村の九大行きに賛成し、次の豊臣秀吉の逸話を引いて微研を説得した。

秀吉が非常に可愛がっていた鶴を、番武士が不注意から逃がしてしまった。責任を感じた家来どもが番武士を打ち首にするか、切腹にするかと秀吉にお伺いを立てた。すると秀吉は、「そうか逃げたか？どこまで逃げたか？明の国まで逃げたか？」という。「まさか明までは行っておりますまい。せいぜい九州くらいまででしょう」と家来が答えると、秀吉は「日本のどこかにいるのなら、それでよい。九州も種子島も、日本である限りは、みなわしの領土だ」と番武士を許したといわれている。微研教授であった釜洞醇太郎は当時「山村君に振られた」と憮然としていたという。

　このようにして昭和三十二年十月、山村は九大医学部医化学教室を主宰することとなった。結核療養所の医長から医化学教授という前例のない転進であった。幸い、医化学教室には優秀なスタッフがおり、これまでの結核菌関連の研究をすすめることができた。その一方で講義のためのノートをもとに生化学の教科書の執筆を開始した。一日に原稿用紙三枚。前夜どんなに遅くまで酒を飲んでいても朝六時には起きて書くことを義務づけ、二年間で一五〇〇枚の大著『新医化学』（南山堂、昭和三十六年）を脱稿した。この著書は医学書では珍しいほどのベストセラーとなった。

　このころ、赤堀四郎とともに山村の人生進路を決めたもう一人の人物との出会いがあった。「吉田肉腫」の発見者東大教授吉田富三である。癌の研究会で九大に来た吉田から、酒宴の果て二人きりになってしまった席で「君、結核だけでなく癌もやってみる気はないかね」と問われ、催眠術にかかったように、即座に「やります」と答えたという。爾来、山村は免疫学の対象を癌にも広げ、二人はことあるごとに酒杯を交わす仲となった。

## 三　阪大教授・総長時代

### 阪大医学部第三内科教授に就任

昭和三十七年（一九六二）三月、博多の生活を満喫していた山村に、阪大医学部長今泉礼治から「至急会いたい、空港まで迎えにきてほしい」との電話がかかってきた。迎えに行くと前医学部長西沢義人も同行しており、そのまま福岡市南の二日市温泉に連れて行かれ、第三内科の教授に決めたから「ぜひ来てほしい」と切り出された。「いまさら臨床なんて自信がありません」と断ったが、両人は引き下がらず、翌日九大医学部長天児民和に割愛方を願い入れた。天児はもちろんこの招聘を断った。実はこのとき、慶応大学と新設の国立がんセンターからも、それぞれ教授、研究所長として来てほしいという招きがあったのである。

九大と阪大のあいだで交渉が続くなか、山村のもとに阪大教授就任に反対する差出人不明の手紙が次々届き始めた。天児にも同様趣旨の手紙がくるようになった。反対運動が激しくなるにつれて、それに反発し「それでは阪大に行こう」という気持ちが山村を支配するようになった。そして九大医学部教授会はそれを了承し、昭和三十七年六月、阪大第三内科の教授となった。四年半の在任であったが、山村にとって九大は第二の母校となり、阪大着任後もしばしば博多を訪れている。

第三内科は従来呼吸器を中心にしていたが、山村は生化学と免疫学の観点から新しい研究体制を作ろうと考えた。幸い教室員も賛成し、研究体制の変換は円滑に行われた。山村の考えでは「医学には基礎と臨床の区別はない」。そして「ベッドサイドで問題を見つけ、基礎の研究でそれを解決しよう」と、いつも教室員に説いていた。この成果は年余を経ず、分子病へモグロビンM症の発見となった。また腫瘍免疫の研究では、ノカルディア・ルブラ菌の細胞壁骨格成分の抗癌作用の発見がある。これらの研究の基礎となった思考過程は、『病理生化学』（岩波書店、昭和四十六年）に詳しい。

『病理生化学』扉

内科学の講義は昭和三十八年四月から始めた。その最初の講義に感動し、翌三十九年第三内科に入局した人たちの中に山村が将来を嘱目していた人物がいた。後に第三内科教授から第十四代総長となった岸本忠三、医学部名誉教授で元医学部長の濱岡利之、サウスカロライナ大学教授小川真紀雄の三名である。なお、山村の門下生の中から教授となった者の総数は四十有余名に上る。

昭和四十二年（一九六七）四月、山村は医学部長に選出された。在職五年たらず、四八歳であった。その年の暮れから阪大でも学園紛争が始まった。医学部では翌年十二月頃から、インターン制度、医局講座制等の改革要求が学生、青年医師連合などから出され、彼らとの「大衆会見」が頻回に行われ、時に連日、深更に及ぶことがあった。しかし、暴力的な大衆団交とはならず、ストライキ、封鎖に到らなかったのは、会見に山村学部長が毎回出席し、激しい質問に対して自ら回答した誠意のしからしむるところであったと思われる。

岸本忠三、濱岡利之両教授とともに（昭和58年4月）

昭和四十六年、山村は門下のひとり故北川正保教授らの協力を得て、日本免疫学会を創設し、その初代会長となった。当初数百人の会員から発足したこの学会は、その後四千名を越える会員を擁するまでに成長した。昭和五十二年二月十七日、三男一女を育てた妻園枝が難病全身性エリテマトーデスのため死去した。以後山村は長女の信濃百枝一家と暮らすようになった。

会長を務めた第５回国際免疫学会議で（京都、昭和58年８月）
中央はド・ヴェック教授（国際免疫学会連合会長）、右はシナダー教授（第６回国際免疫学会議会長）

## 総長時代

昭和五十四年（一九七九）三月、山村は再度医学部長となり、同年八月第十一代大阪大学総長に選出された。総長になった山村がまず直面したのが「寮問題」であった。当時、宮山寮と鴻池寮には学外の活動家がバリケード封鎖で立てこもり、光熱水料の不払い、大学の入寮募集停止の措置に反する不正入寮募集等の不法行為を繰り返していた。山村は歴代の学生部長と計り、法的手段に訴える以外解決法はないと判断し、正規の入寮者がいなくなるのをまって、「占有権移転禁止の仮処分」と寮の明け渡しを求める「断行仮処分」を大阪地裁に申請した。これらが認められて、仮処分が執行されたが、その後裁判長から職権に基づく和解の勧告が出され、曲折を経て、昭和五十九年五月和解が成立し、寮問題が終結した。この

昭和62年1月　講書始の儀

間昭和五十八年八月には歯学部移転が完了している。

山村は総長になってから、阪大らしい、将来の科学の進歩に対してある一つのステップになるような研究施設を創設したいと考えていた。当時微研教授であった細胞融合の発見者岡田善雄と案を練って結実したのが「細胞工学センター」である。具体化に当たっては、微研と医学部からそれぞれ一講座を「拠出」してもらい、それを核にして八部門のセンターが昭和五十九年度に完成し「バイオの阪大」の中心となった。某国立大学学長は「学部から既設講座を拠出させたりしたら、私のところだと学長の首が危ないですよ」と話したという。

教養部改革の第一段階として言語文化部が設置された後、保健体育系をどのように改革する

山村雄一の墓。右端は弟山村好宏、その隣長女信濃百枝夫妻。

かが論議されてきたが、最終的に健康科学系四部門と体育科学系六部門からなる健康体育部に構想が固まり、昭和五十六年四月に発足した。上述のほか、山村が総長在任中に新設された部局として、情報処理教育センターとラジオアイソトープ総合センターがある。

昭和五十六年（一九八一）、本学は創立五十周年を迎え、記念式典、海外学術調査・学術交流事業、五十年史の刊行などの諸事業が行われた。また同年、将来計画懇談会から本学の将来像を描く際のモチーフとして「地域に生き　世界に伸びる」が提言され誠に的を射たものとして定着した。

この間、山村は学会活動も精力的に続け、昭和五十八年八月には第五回国際免疫学会議会長として、京都で五千人近い参加者のもとに国際会議を主催したほか、日米医学協力事業、日米癌研究協力事業などの委員を歴任した。そのため外国出張も頻繁で、公用の数次旅券を取得したほどであった。

昭和六十年（一九八五）六月、山村は「細胞性免疫とその制御」についての研究により日本学士院賞を受賞、同年八月任期満了により総長を退職した。昭和六十一年十二月、日本学士院会員に選出され、同六十二年一月「講書始」において「バイオテクノロジーの進歩と免疫学」と題し昭和天皇にご進講申しあげた。昭和六十三年十一月、文化功労者の栄に浴したが、しばらくして体調不良を訴えるようになり、平成二年（一九八九）六月十日、呼吸不全のため阪大附属病院において逝去した。享年七一歳。墓は神戸市中央区中島通五、春日野墓地にある。遺志により菩提寺、戒名はない。

中馬　一郎（ちゅうま　いちろう）

大正十四年兵庫県生まれ。昭和二十二年大阪帝国大学医学部卒。昭和二十三年大阪大学大学院特別研究生、同二十五年奈良県立医学専門学校助教授、同三十五年奈良県立医科大学教授、同四十一年大阪大学医学部教授、同四十八年大阪大学医学部長、同五十四年大阪大学五十年史編集実行委員会委員長、同六十三年大阪大学名誉教授。平成三―九年藍野学院短期大学長、同十二年―現在大阪リハビリテーション専門学校長。同七年日本生理学会特別会員。同九年環境科学学会功労賞受賞、同名誉会員。

著書　『生理学』日本医事新報社出版局、一九七七年

『現代生理学』永井書店、一九七四年　ほか

ロバート・ロビンソン　158
ローマン　35

わ　行

ワールドシュミット・ライト　160, 161
ワイエルストラス　13
若槻哲雄　218
若槻尚子　234, 236
若槻康雄　234
和気大僧正　175
渡瀬譲　72
渡辺三郎　242, 243

古谷正覚　98
フロベニウス　133
ブンゼン　12
ベルツ　85
ヘルムホルツ　13
ヘンショウ　97
ベントレー　14
ポアンカレ　13
ボーア　6, 230
ボードウィン　54
ホーフフェルデル　95
ホフ　99
堀新　100
堀三津夫　124
本城市次郎　211, 228
本多光太郎　177
本間邦太郎　25
本間丈貞　25

ま　行

正岡子規　95
眞島秀庵　54
眞島多一郎　54
眞島利民　54
眞島利行　24, 54, 70, 99, 103, 151, 155, 158
眞島利往　54
眞島美枝子　63
松林飯山　3,48
三浦謹之助　35
三田村篤志郎　85, 88
箕作麟祥　37
南熊雄　79
三牧陽子　234
宮川米次　85, 88
宮中席次　12
宮原清　110
明治天皇　85
メンデンホール　9
森永晴彦　223

や　行

八木秀次　9, 33, 68, 96
安井琢磨　137
安田竜夫　109
山川健次郎　46
山極勝三郎　199, 200
山口玄洞　36
山下純一郎　33
山下友三郎　30, 33
山下友治　30
山田信夫　200
山部昌太郎　223
山村あい　240
山村新太郎　238
山村園枝　252
山村雄一　166, 238
山村好弘　240
山本巌　211
ユーウィング　9
湯川秀樹　62, 142, 218
吉田常雄　112
吉田富三　249
米田該典　26

ら　行

ライデン　85
ライプニッツ　13, 14
李華　10
リブラー　99
龍造寺隆信　4

鶴崎平三郎　90
ディッグ　135
ド・ヴェック　255
東条英機　47
堂野前維摩郷　98
富田高慶　203
富本憲吉　78, 83, 119, 123, 124
富永斉　159
伴林光平　79
豊島久真男　209
豊臣秀吉　248

## な　行

長岡幾久　2
長岡治三郎　2, 7
長岡半太郎　2, 37, 58, 61, 68, 204
長岡正男　36
長岡操子　37
中尾崇義　32, 33
中尾半兵衛　3
仲田一信　89
永田正伯　25
永田安治　25
長門谷洋治　121
中野操　119, 121
中原益次郎　126
永宮健夫　145
中村正直　203
中山正　138, 141
長与専斎　3
長与又郎　41, 85, 88, 94
鉛市太郎　42
成瀬達　48
南原繁　174
西尾幾治　36
西沢勇志智　155, 157
西沢義人　250
仁田勇　18, 52, 138
二宮尊徳　203
ニュートン　14
エミー・ネーター　133-137
ノイマン　13
ノースロップ　162
ノット　9
野村健平　202

## は　行

ハイエック　94
橋田邦彦　47
華岡随賢　119
華岡青洲　118, 119, 122
花村竹外　79
馬場宏一　124
濱岡利之　252
浜口雄幸　37, 45
林春雄　91
ハリエス　57
樋口一葉　95
ビクトル・ユーゴー　206
備前忠安　4
平田信胤　84
広井吉之助　45
広瀬淡窓　3
ファラデー　13, 14
福沢諭吉　110, 175
藤直幹　109, 120
藤野恒三郎　109, 121
伏見康治　137, 183, 221
船曳卓介　54
船曳紋吉　54
古田俊之助　63
古屋一男　140

桑田芳蔵　110
桑田立斎　95
間中定泉　98
古賀玄三郎　89
小泉信三　120
高師直　161
小竹無二雄　59
古武弥四郎　35, 41, 124
琴浦良子　234
小松醇郎　126
近藤博夫　100

## さ　行

斉藤大吉　178
佐伯定胤　90, 98
佐伯良謙　98
坂田幹太　100, 103
昌谷精渓　51
昌谷千里・端一郎　51
佐多愛彦　24, 34, 91, 242
サミュエル・スマイルズ　200
サムエル・ウルマン　170, 171
サムナー　162
ザメクニック　120
沢田藤一郎　247
沢柳政太郎　60
塩見政次　36
志賀潔　93
シナダー　253
信濃百枝　252, 256
柴田善三郎　40
シューア　133, 134
庄司乙吉　41
正田英三郎　132
正田建次郎　130
正田貞一郎　131
新海竹蔵　2, 24
新開美枝子　57
杉道助　100-102, 110
杉本健三　219, 223
鈴木三郎助　157
鈴木忠治　157
ストークス　13
関桂三　100, 102
闢一　242
千田信行　113
宗田一　121
素逝　205

## た　行

ダイバー　97
高木貞治　132, 135, 137
高杉晋作　95
高橋是清　55
高橋理明　209
高橋陸男　139
高峯譲吉　163
高村庄太郎　88, 91
高山義太郎　157
滝川春雄　189
滝廉太郎　95
竹尾治太郎　36
武田長兵衛　121
田代重右衛門　40
立入弘　10
田中修　32
田中晋輔　126
田中隆三　16, 18
谷口腆二　40, 127, 204, 207, 241
谷口豊三郎　74
張九齢　198
張徳周　154

江崎利一　103
エルメレンス　54
大隈重信　175
大河内正敏　16
大嶋勝　139
大津勇　180
大槻園枝　243
大村信濃守　3
大村純煕　7
岡惟生　41
岡田和子　159
岡田起作　159
緒方洪庵　7, 48, 109, 118-122
岡田東太　175
岡田實　174, 211
岡田善雄　254
岡田良平　46
岡常夫　41
岡橋林　100, 102
岡部金治郎　75
小川真紀雄　252
沖卯太郎　151, 157
沖しゅん　152
沖満寿　152
奥貫一男　143
奥野良臣　124, 126, 208
小倉正恒　42, 44, 63, 107
尾崎行雄　175
小野寺直助　91, 125, 127
尾本涼海　7

か　行

カイザー (ウィルヘルムⅡ世)　11
角永武夫　200, 208
柏原及也　201
柏原学而　200
柏原長弘　200, 206
狩野直喜　108
釜洞醇太郎　198, 248
釜洞盛太郎　201
釜洞剛　201, 204
釜洞俊子　201
釜洞裕子　204
釜洞百合子　200, 206
川浪正　124, 125
菊池恭三　40
菊池正士　72, 126, 218-220, 227
岸本忠三　251, 252
北川正保　252
北里柴三郎　86
北畠治房　79
木下良順　205, 206
木間瀬策三　100, 103
キルヒホッフ　12
楠正行　61
楠本菊江　36
楠本正一　30
楠本荘一　31
楠本長三郎　16, 17, 24, 42, 63, 91, 109
楠本伝蔵　25
楠本正伯　25
楠本マン　25
楠本三重　51
楠本元英　25
楠本元正　24, 25
久保田尚志　64
熊谷岱蔵　94
蔵内数太　109
黒田チカ　60
黒津敏行　97, 99, 109
桑田権平　91, 95

# 人名索引

## あ　行

青木（熊谷）寛夫　219
青武雄　106
青山胤道　84, 86
赤堀しの　50
赤堀四郎　2, 59, 64, 120, 126, 127, 130, 138, 145, 150, 186, 187, 247, 249
赤堀昇　153
赤堀八郎太　151
赤堀秀雄　150
赤堀弘次　164
赤堀弘道　160
赤堀素子　166
赤間文三　100, 104
浅田常三郎　69
浅野啓三　138
安達貞太　104
天児民和　250
荒木貞夫　46
有馬頼吉　242
粟屋謙　16
飯島幡司　103
飯田某　4
イールズ　97, 98
池田菊苗　55, 157
石川啄木　95
石田英一郎　89
石田英吉　89
石田ササノ　78
石田増太郎　78
石野俊夫　185
板垣退助　175
市川厚一　199
市原硬　64, 245
伊藤達夫　104
伊藤忠兵衛　44, 45, 63, 103
犬養毅　175
井上準之助　37, 45
伊能忠敬　3
今泉礼治　250
今村荒男　78
今村勤三　78, 79
今村奇男　103
今村幸男　80, 81, 103
今村勤　83, 125
今村ハル　89
今村文吾　79
入澤達吉　34
岩永蕃玄　119
ウィルヒョウ　85, 87
上野政次郎　104, 105
ウェルナー　57
ウォルターズ　97
内山龍雄　137

# 大阪大学歴代総長餘芳

2004年3月3日　初版第1刷発行　［検印廃止］

編　者　大阪大学

発行所　大阪大学出版会
代表者　松岡　博

〒565-0871　吹田市山田丘1-1
大阪大学事務局内
電話・FAX　06-6877-1614
（URL）http://www.osaka-up.or.jp



ISBN4-87259-179-8　C3023